不确定年代 知识为你找方向 FE DUFEP

Trading on Corporate Earnings News

GOLD

Profiting from Targeted, Short-term Options Positions

JOHN SHON   PING ZHOU

掘金

从公司盈利信息揭秘期权投资策略

（美）约翰·肖恩　周平　著

孙光国　杨金凤　郑文婧　译

东北财经大学出版社

Dongbei University of Finance & Economics Press

大连

ⓒ　东北财经大学出版社　　2012

图书在版编目（CIP）数据

掘金：从公司盈利信息揭秘期权投资／（美）肖恩（Shon，J.），（美）周平（Zhou，P.）著；孙光国，杨金凤，郑文婧译．—大连：东北财经大学出版社，2012.4
（成功投资人金钥系列）
书名原文：Trading on Corporate Earnings News：Profiting from Targeted，Short-term Options Positions
ISBN 978-7-5654-0753-6

Ⅰ．掘…　Ⅱ．①肖…②周…③孙…④杨…⑤郑…　Ⅲ．期货交易　Ⅳ．F830.9

中国版本图书馆 CIP 数据核字（2012）第 043856 号

辽宁省版权局著作权合同登记号：图字 06-2012-13 号

东北财经大学出版社出版

（大连市黑石礁尖山街 217 号　邮政编码　116025）

教学支持：（0411）84710309

营　销　部：（0411）84710711

总　编　室：（0411）84710523

网　　　址：http：//www.dufep.cn

读者信箱：dufep @ dufe.edu.cn

大连图腾彩色印刷有限公司印刷　　东北财经大学出版社发行

幅面尺寸：170mm×230mm　　字数：112 千字　　印张：11 3/4　　插页：1
2012 年 4 月第 1 版　　　　　　　　2012 年 4 月第 1 次印刷

责任编辑：李季　王玲　　　　　　责任校对：那欣　刘洋　毛杰
封面设计：冀贵收　　　　　　　　版式设计：钟福建

ISBN 978-7-5654-0753-6

定价：33.00 元

献给母亲、父亲和露西

——John

献给一直无条件信任和支持我的 Rong，
让我的世界充满了欢乐的 Kelly

——Ping

致　谢

我们要感谢我们的编辑 Jim Boyd，对他宝贵的指导意见、经验与鼓励表示感谢。我们还要向两位审稿人 Jeff Augen 和 Michael Thomsett 表达我们的感激之情。Jeff 和 Michael 帮助我们提高了本书的可读性，并对如何让读者更充分地应用本书提出有益的见解。我们还要感谢项目编辑 Anne Goebel，以及 Pearson 的全体工作人员。

我们还要感谢在学术界和投资管理界的许多朋友和同事。尽管我们没有因本项目直接与他们取得联系，但一直以来他们对我们的影响肯定会在本书的编辑过程中得到体现。本书还受益于专家多年在会计、金融和经济方面的学术研究，从事这些研究的专家名单很长以至于不能在此一一列举。

最后，我们还要特别感谢家人的支持。

来自 John：我要感谢父母的不断督促和 Lucy 一直以来对我的规劝。

来自 Ping：我要感谢我的妻子 Rong，感谢她对我的信任，给予我无条件的爱与支持，没有这些我将无法完成这项任务。另外，我要将本书献给我的女儿 Kelly。她只有 6 个月大，在她的这个年纪应该对期权交易还不甚感兴趣，但她鼓励着我，并使我的世界充满快乐。

前　言

傻瓜财务原则

　　所有书籍很大程度上都是其作者思想的延伸，所以我们愿意进行简单的自我介绍，以便使您——我们的读者——能够了解我们的观点。

　　Ping Zhou 是一位任职于纽伯格巴曼量化投资集团（Quantitative Investment Group at Neuberger Berman，一家大型资产管理公司）的投资组合经理。他是一名真正通过使用复杂的统计经验模型从市场中获利的数量分析专家。他的工作就是每天与他的博士同事们进行最高水平的定量分析。他拥有几乎无人能及的计算能力与资源。

　　John Shon 是福特汉姆大学（Fordham University）的会计学教授。在芝加哥大学布斯商学院读博期间，他在经济和金融诺贝尔奖得主的指导下，受过高水平的理论与定量分析的正规训练。他每天运用复杂的统计学方法从事前沿的学术研究，并经常在顶级的学术期刊上发表学术成果。

　　从表面上看，我们处于极不相同的领域。然而，我们有一个共同点，那就是深知定量研究的复杂性。讽刺的是，我们之间很重要的另一个共同点使我们都相信，在某些情况下，严格的定量分析可能做得太过了。我们相信莱昂纳多·达·芬奇的名言："最终的复杂是简单。"换句话说，我们相信一个所谓的傻瓜财务原则："保持简单与愚蠢。"这个大家都信奉的哲理是我们写作的核心。许多期权交易方面的书籍因存在我们认为没有必要的复杂性而使读者感到不知所措。在本书中，我们只保留最基本的有利可图的交易类型。我们尽全力减少复杂性，并展示每一项交易的本质。因此，我们几乎没有花时间讨论用于期权分析的这些希腊字母——delta，gamma，theta，rho。不要误会，理解这些希腊字母对于深入理解交易是很重要的。然而，我们认为这些问题会模糊主题使您无法关注我们的主要任务，因此我们建议您从别处获取相关的信息。有两本包含了基本概念的经典书籍分别为《让期权变容易》（*Options Made Easy*）和《期权交易的圣经》（*The Bible of Options Strategies*），两本书都是 Guy Cohen 所著。它们将提供您需要的一些基础知识。还有两本包含了先进理念的书籍，分别为《期权交易的波动率边界》（*The Volatility Edge in Options Trading*）和《日交易期权》（*Day Trading Options*），两本书的作者都是 Jeff Augen。他们讨论了许多与波动有关的话题，还有关于日内交易的细节，也许您会感兴趣。

理论的重要性

我们能够合著的另一个关键原因是我们怀有共同的坚定信念——要对我们周围的世界形成一个强大的、基础的经济理解和直觉。会怀有上述信念不仅应归因于我们攻读博士期间所受的训练，还应归因于我们对简单理解市场怎样起作用及为什么那样起作用有着共同的兴趣。因此，我们把对交易背后理论的理解以及为什么相信这些理论作为重点，还重点分析了一些经过统计检验和经验证明的发现，但并未分析通过挑选交易而得到的推测或是通过随机选取投资/交易博客得到的传言。

这些如何影响本书的编写？简单来说，如果我们没有上述共同的信念，即强调交易策略背后的经济理论和经验发现，我们就不会写第 2 章到第 6 章（还有后面的第 12 章到第 15 章）的基础理论。如果您仅对本书介绍的基础交易策略感兴趣，那么您只需阅读第 9、10、11 章。但是，如果您想对市场和盈利公告（一个在股票市场上最突出、最重要、周期性发生的事件）有更为深入的理解，则本书提供了有关经济理论和经验证据的丰富信息。这是我们鼓励您与我们一起完成的一项艰难的脑力活动。

不仅仅是期权交易

鉴于本书介绍的经济理论和经验证据的深度，您会发现本书内容不仅局限于期权交易。您对盈利公告性质和未预期盈余更深层的理解，将有助于您理解标的股价的反应。因此，本书也适合那些并不经常进行期权交易的读者。本书包含了许多股票交易方式方面对股票投资者而言极为有用的理念。

章节预览

第 2 章到第 4 章讨论了关于盈利公告和未预期盈余的比较前沿的学术研究成果。这是从数十年运用数以百万计基于盈利的公开交易的观察样本中获得的理论和经验证据。第 5 章和第 6 章讨论了市场对盈利公告做出反应背后的理论和证据，还有这些盈利公告引起的未预期盈余。盈利公告和未预期盈余的市场反应的经验规律为期权交易奠定了基础。第 7 章讨论的是一些期权公司的经验证据，并且还讨论了盈利公告发布期间期权公司的一些特有行为。第 8 章讨论了一些与执行交易有关的实际问题。第 9 到 11 章介绍了主要的期权交易策略。这些策略的主旨是针对公司的季度盈利公告进行短期交易。这 3 章代表了期权交易的主要内容，选用的是最近有关盈利公告的真实事例。第 12 章到 15 章介绍了一些其他理论和经验规律，它们将帮助您提高期权交易获利的可能性。

在读过本书后，您会更好地理解盈利公告的理论基础，我们相信这项基础工作对于成为一个能够持续获利的交易者来说是非常重要的。因为交易环境和经济背景会改变，而您的基本认识总会帮助您适应它们。正如古语有云，授人以鱼不如授人以渔。

译者序

正如本书作者 John Shon 和 Ping Zhou 所坚信的，大道至简。期权对普通交易者来说一直都略显高深。期权交易策略有很多，介绍期权交易策略的书籍也浩如繁星。然而，在能够围绕盈利公告的发布，深入浅出地为大家讲解最直接、最主要的期权交易策略方面，本书却是独一无二的。

我认为本书还有许多可贵之处。其一，本书将理论与实践有机地融合在一起。一方面，本书秉承了外文书籍一贯的风格——列举大量的事例，并且本书中的所有事例都是最近发生的交易实例，读起来形象、生动并更具说服力；另一方面，本书大篇幅地介绍关于盈利公告和对未预期盈余市场反应的经验研究成果，这些成果是对近几十年来相关领域学术研究的精华汇总，阅读它们无异于了解盈利公告与期权交易的精髓与前沿，且为我们奠定了进行交易的理论基础。这种理论与实践的完美结合，使读者可以自由地徜徉在两者共同构筑的世界里，而不必担心缺乏理论支持抑或脱离实际。

其二，本书立足于盈利公告前后这个时间段，旨在用最简单的期权交易策略使交易者获利。这无疑为初学者提供了一盏明灯，也为专业投资者提供了一种全新的视角，带来了一种全新的启示。作者也详细给出了选择简单而非复杂、选择这种而非那种交易策略的理由。

总之，本书是一本抓住盈利公告前后市场对未预期盈余反应具有不确定性的特点，强调用简单的策略——跨式和勒式期权策略做武器，以期在期权市场上获利的小册子。本书注重交易策略的同时，更加注重理论的学习和经济直觉的建立。

如果让我用一句话总结本书，我会说，本书十分简洁，却真正体现了返璞归真的理念。这种理念无疑会让许多人受益。

本书的初译工作由孙光国、杨金凤、郑文婧共同完成。此后，艾雯岚、蒋丽曼对全部初稿进行了审校。感谢东北财经大学出版社国际合作部的信任和大力帮助。当然，由于时间仓促和能力有限，难免有翻译上的疏漏和不足之处，敬请广大读者批评指正。

孙光国

2011 年 11 月于东财园

目　录

掘金：从公司盈利信息揭秘期权投资

Trading on Corporate Earnings News: Profiting from

Targeted, Short-term Options Positions

第一部分　　　　导　论

第 1 章

导　论

最近的一项研究发现，1996—2007 年间，在盈利公告发布前后进行的期权交易一直在稳步增长（Roll，Schwartz 和 Subrahmanyam，2009）。因此，您赶上了好时机。这是我们写这本书的主要原因之一。写这本书还应归因于我们的一位好朋友的交易经历，我们不妨叫他 Bob。

1.1　以股票为基础的交易

首先，让我讲一下关于我们的朋友 Bob 在一次交易中损失了一大笔钱的事。在 2009 年 9 月 24 日临近闭市的时候，Bob 决定买入 Research in Motion 公司（纳斯达克：RIMM）的股票。根据沃伦·巴菲特（Warren Buffett）的理论，Bob 看中了该公司的背景：一家加拿大高科技公司，凭借产品黑莓几乎垄断了推动技术性手持设备的市场。他还欣喜于过去很少使用黑莓产品的朋友现在开始随身携带它。尤其让他感到高兴的是，该公司的市盈率比苹果公司低得多。总之，Bob 对其将有一个美好的前景深信不疑。最为有趣的是，Bob 购买 RIMM 股票的时机——就在 RIM 公司按计划宣告它的 2009 年第 2 季度盈利公告的几小时前。

Bob 按每股 83.06 美元的成交价买进 200 股 RIMM 股票。当天闭市后，RIM 公司发布了它的盈利公告。每股收益为 1.03 美元，高于之前预测的 1.00 美元（已达成一致意见）。季度收入为 34.2 亿美元，同比增长了 37%，但低于分析师的预期。此外，公司发布下半年的盈利和收入预测均低于预期。总体上讲，盈利公告信息喜忧参半：盈利好于预期，而收入却低于预期——但收入的涨势依然很强势。第二天，RIMM 以 70.48 美元的价格开盘，每股下跌 12.58 美元，即下跌了 15.2%（见图 1.1）。Bob 的 200 股 RIMM 股票的初始投资为 16 612 美元，一下就损失了 2 516 美元。

Bob 用了我们许多人曾经在股票交易中使用过的做法。他试图抓住市场的时机，尤其是盈利公告披露前后的市场时机。我们认为这本身不是一个坏主意。实际上，我们将试图说明这可以是一个相当不错的主意，但只有在适当的环境并使用正确的工具的前提下。在一个给定的年份中，一只股票的投资回报会有很大比例集中在四个季度的盈利公告发布前后实现。[①] 我们的分析（随后我们将详细讨论）表明，半数的公司因发布盈利公告产生的市场回报相当于那些没有发布盈利公告期间所

[①] 回报在盈利公告发布前后有多么集中？对于大多数的大盘股股票，季度盈利公告前后 3 个交易日期间的回报大于正负 2%。假设股票市场平均年回报大约为 7%。这 2% 的回报代表了的年度总回报的 30%，却仅在 3 个交易日内就实现了，而这 3 天仅占一个给定年份交易日的 0.12%。

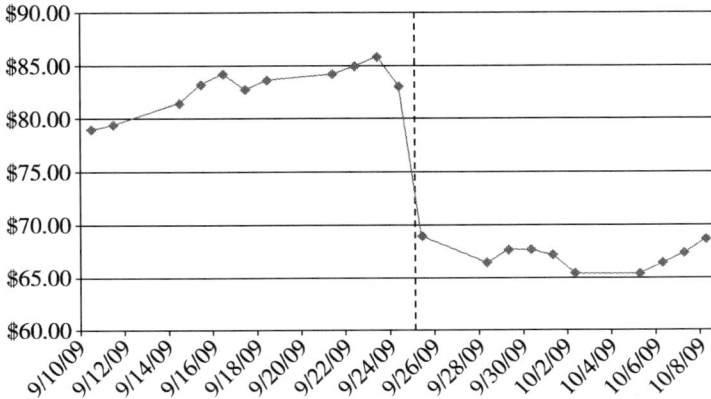

图 1.1　盈利公告前后 20 日 Research in Motion 公司

（纳斯达克：RIMM）的股票价格

产生的市场回报的 30 倍。自然而然的，高额的盈利公告回报会促进交易。尽管股票交易只是其中一种交易方式，但在本书中，我们将设计一种以期权为基础的交易策略，这样不论市场如何反应我们都有利可图。

另一方面，Bob 在这次交易中也有失误：他对 RIM 公司盈利公告的市场反应方向的判断出现了明显的错误。虽然他预测到 RIM 公司的盈利会比期望的高，但他没能准确预测出公司的收入会下降，也没有预测出下个季度收入可能会继续降低。事后想想，这也不那么令人吃惊。正如诺贝尔物理学奖获得者 Nils Bohr 所说："预测很难，尤其是预测将来。"

1.1.1　未预期盈余和反向市场反应

当我们认真考虑 Bob 投资时要做的工作时，我们将意识到这是一项多么有挑战性的任务。为了让投资获利，他必须对未

5

预期盈余和未预期收入，以及公司对预测所做的调整有正确的把握。最重要的是，他还必须对所有这些信息将导致的市场反应有正确的把握。上述这些都不简单。第一，预测盈利或收入十分艰难。很多金融分析师虽然拥有主要金融机构的有关资源、研读前期财务报表的庞大团队、有关特定行业发展趋势的专业知识，但他们多数仍无法非常准确地预测盈利和收入。第二，在盈利公告发布期间进行交易获利困难的原因，会令很多人感到惊讶。即使您能够完美地预测出未预期盈利与未预期收入，但仍然无法保证交易一定获利，因为市场反应常常与未预期盈余方向相反。我们对过去 30 年有关上市公司超过 10 万份的盈利公告进行了分析，分析（我们在后续章节会详细说明）表明，约 40% 的情况下，好的盈利消息会伴随消极的市场反应一起出现，而坏的盈利消息则会得到积极的市场反应（一个先前的研究采用不同的样本和不同的方法却得出了相似的结论）。我们都知道有时市场反应是令人困惑的，但您能猜到这种偶然发生的概率是 40% 吗？难怪 Bob 在市场中赚钱是如此的困难。即使您能预测出正确的未预期盈余方向，但您在就市场反应的方向下赌注时也可能会赔钱。

那么，投资者怎样才能在不用艰难地预测盈利公告回报的情况下获利呢？如果 Bob 在对 RIM 公司投资之前读过本书他会做出怎样的投资决策呢？他会远离股票而采用一种叫作跨式套利的期货交易策略。我们会让 Bob 相信，尽管盈利公告的回报相当大，但这些回报也是极难预测的。我们将推荐一种期权交易，使得不论市场对盈利公告做出何种反应，投资者都能够获利（只要反应足够强烈）。让我们详细讨论一下。

1.2 以期权为基础的交易

回想一下，Bob 在盈利公告发布前临近闭市时，以 83.06 美元的价格买进 200 股股票，共支付 16 612 美元。与其做法不同的是，我们将推荐购买期权合约：同时买两份看涨期权和两份看跌期权，都将 85 美元作为行权价格，2009 年 10 月到期。看涨期权赋予 Bob 以 85 美元的行权价买入 100 股 RIMM 股票的权利，而不是义务。同样的，看跌期权赋予 Bob 以 85 美元的行权价卖出 100 股 RIMM 股票的权利。那么，为什么 Bob 要同时买入看涨和看跌两种期权呢？同时买入看涨和看跌两种期权意味着，Bob 不必担心股价的走势。这种策略背后的原理是显而易见的，如果 RIM 公司股票的价格上涨，则 Bob 的看涨期权将增值，同时他的看跌期权将减值。而如果 RIMM 的股价下降，则他的看跌期权会增值，同时看涨期权会减值。不论发生哪种情况，只要价值上升得比下降得多，他就会赚钱。

让我们看一组数据。当 Bob 以 83.06 美元的价格购买 RIMM 股票时，他本可以以 6.17 美元的价格买两份看跌期权（行权价格为 85 美元，2009 年 10 月到期），同时以 4.36 美元的价格买两份看涨期权。每份期权合约代表 100 股股票，这意味着初始投资为 2 106 美元（2×100×6.17+2×100×4.36）。我们选择分别购买两份看涨期权和看跌期权，是因为这样计算出的初始投资（2 106 美元）与 Bob 在股票交易上的损失相接近（2 516 美元）。

在 RIM 公司发布盈利公告后，股价下跌到每股 70.48 美元。交易的情况是 Bob 的看跌期权大幅增值到 16.45 美元，同

7

时他的看涨期权骤然下跌至 0.25 美元（见图 1.2）。这意味着看跌期权获利 2 056 美元（2×100×（16.45－6.17）），看涨期权损失 822 美元（2×100×（4.36－0.25））。由于 Bob 同时购买了看跌和看涨期权，他的净收益为 1 234 美元（2 056－822）。

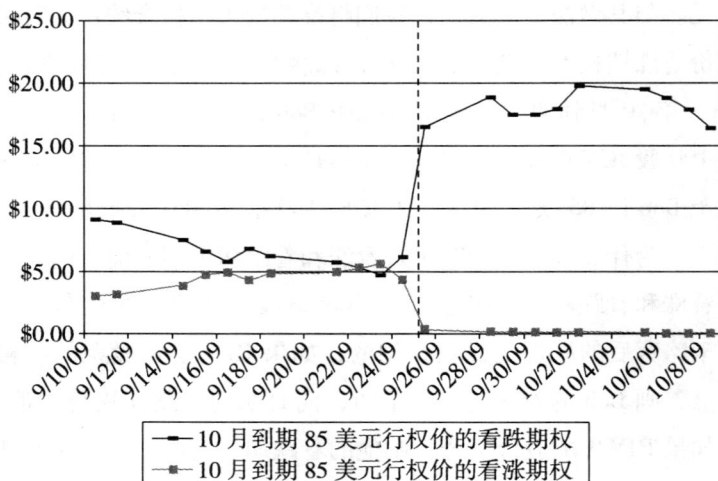

图 1.2　盈利公告前后 20 个交易日 RIMM10 月

到期 85 美元行权价的看涨和看跌期权价格

这 里有几件事情值得注意。第一，我们避免了 Bob 2 516 美元的重大损失。第二，由于 Bob 同时拥有看涨期权和看跌期权，因此 RIMM 的股价无论是大涨还是大跌，他都能够获利。在上例中，因为 RIMM 的股价大跌，Bob 持有的看跌期权价值的增值弥补了看涨期权价值的减值。如果相反，RIMM 的股价大涨，则会有相反的情况发生。不论哪种情况发生，Bob 都是赢家。第三，1 234 美元的净收益仅仅是从 2 106 美元的初始投资中获得的。一天之内投资回报率高达

58.6%，甚至不用预测股价的走势。

要获得高回报真的这么简单吗？当然不是。期权交易包含许多潜在风险。例如，如果 RIMM 的股票价格没有大的波动（仅有轻微变动），Bob 的跨式套利也许就不会盈利。不必担心，我们会向您介绍执行期权交易所包含的各种风险。

1.2.1 我们的理念

我们主要的目标是描绘蕴含于短期期权交易中的，尤其是盈利公告发布前后的、极大的潜在获利性。为此请记住，亲爱的读者们，我们没有捷径。我们注重理解交易背后的理论以及为什么我们相信这些理论，并且我们讨论的是通过数百万次的观察、跨越了数十年的研究被检验并记录的发现。一旦我们为交易打下了一个强大而又有经济直觉的基础，我们就立即给大家深入列举一些最近获利的交易实例，以及一些不尽如人意的交易。

掘金：从公司盈利信息揭秘期权投资

Trading on Corporate Earnings News: Profiting from
Targeted, Short-term Options Positions

第二部分　理论：盈利公告和未预期盈余

　　本部分的章节包含了您想了解盈利公告和未预期盈余的所有内容。第 2 章介绍什么是盈利公告，为什么它们很重要以及它们的一些重要特征。第 3 章界定未预期盈余，解释为什么未预期盈余的界定/计算充满不确定性。第 4 章展示了未预期盈余是怎样的经验证据，包括个别公司样本和涉及 25 年上市公司数据的大样本，之后向您展示未预期盈余的模式随着时间的流逝将怎样变化。

盈利公告：为什么
它们如此重要？

本章介绍怎样编制盈利公告，为什么它们如此重要以
及它们的一些关键特征。理解盈利公告的这些基本
概念很重要，因为它们是后续章节介绍的期权交易策略的
基础。

2.1 什么是季度盈利公告，为什么它们
如此重要？

在美国，证券交易委员会（SEC）要求上市公司每季度向
公众报告其财务状况，这种提交给 SEC 的正式的季度报告被
称作 10-Q 报告。然而，大多数公司在 10-Q 报告要求提交的几
周前就已经公开宣布了季度财务状况数据。因为每股盈利
（EPS）是盈利公告中的一个重要数据，所以这些公告通常被
称为盈利公告。

季度盈利公告之所以如此重要，是因为它们是公司编制的最重要、最可预期的定期公告。因此，它们是直接来自于信息源的、最受关注的信息。也有许多其他信息充斥在市场中，但是没有任何其他的信息定期地、一贯地来自最了解企业的一方。[①] 季度盈利公告也被看作最可靠的信息来源，这大部分是因为公司遵守 SEC 对错报和误导性披露有严格规定的 10b-5 准则。公司经常因误导性披露而被起诉（集体诉讼）。虽然总有例外，但就大多数案例来讲，被起诉的风险确保了公司尽力提供准确的、可靠的信息，这就是盈利公告为什么如此重要的原因。公司的信息来源的确广泛，例如媒体通过新闻、讨论以及专家访谈的形式散播信息，经济学家预期公司未来前景和评估股票价值。事实上，任何个体都可以通过网络博客或论坛表达其对股票的观点。但是，正是因为有 SEC 10b-5 准则仅适用于公司的严格要求，才使得公司季度盈利公告成为最可靠的信息。

2.2 季度盈利公告是怎样发布的？

一个典型的季度盈利公告的生成过程如下。公司首先向公众告知其盈利公告的预期发布日，日期一旦确定，除非发生了不可预见事件，否则不可随意变更（确实，许多研究发现，推迟盈利公告常常是有坏消息的前兆，会引发股价的消极反应）。前三个季度的盈利公告日一般在季度结束后的 2 至 4 周。

[①] 管理者有时也进行财务报表外的自愿披露。这些自愿披露信息可以相当丰富，但没有季度盈利公告可靠。可以看 Shon 和 Weiss（2009）的一个很有意思的自愿披露集合。

例如，如果公司第一季度在三月结束，则这一季度的盈利一般在 3 月 31 日后的 2 至 4 周内公布。然而，公司第四季度盈利公告的发布时间经常会长一些，因为年度经营成果（包含整个四个季度）需要被独立的会计师事务所审计。第四季度的盈利公告在季度结束后的 3 个月内编制完成。所以，对于将 12 月 31 日作为会计年度结束日的公司，第四季度的经营成果最可能在次年的 2 月或 3 月的某个时间公布（由于时滞的原因，第四季度与次年第一季度的盈利公告往往仅有几星期的时差）。

EPS 和其他财务业绩数据在盈利公告日发布，一般是以新闻公告的形式（新闻公告常将美国商业新闻社和美国企业新闻通讯社作为媒介）。此外，公司的管理层（CEO、CFO 和其他高层）通常会举行对所有投资者、分析师、媒体和公众开放的电话会议，电话会议一般在盈利公告日或次日举行。在电话会议上，管理层会讨论公司过去一个季度的财务业绩和未来将面临的机遇与挑战。管理层一般也至少会对以后季度的情况做一些预期。这些预期从非常具体（"我们预计下一季度 EPS 为 22 美分"）到十分笼统（"我们认为下一季度 EPS 会与本期持平或略有增长"），都有可能。当然，投资方需要尽可能详细的信息，在电话会议的问答环节便可以对详细信息进行深入了解。分析师和投资者通常关注刚刚公布的盈利公告本身和对其未来预期的细节。那些不能参加的人在电话会议结束后不久就可得到会议记录。

JCPenney（纽交所：JCP），一家通过其零售店和直接渠道（互联网/商品目录）出售商品和提供服务的零售商，它在全国拥有 1 108 家零售店。下面来看一下它的盈利公告。这份盈利公告于 2010 年 5 月 14 日开市前编制，公告涵盖期间为以 2010 年 5 月 1 日为结束时点的第一季度，通过美国商业新闻社对外发布。

在盈利公告中，JCPenney 管理层以强调季度每股盈利为 0.25 美元开篇，与去年同期的 0.11 美元形成对比。管理层将相当不错的业绩归功于顾客对其营销策略的支持。虽然 EPS 是整个披露的重心，但是它并不是唯一重要的业绩衡量指标。例如，由于 JCPenney 属于零售业，投资者十分关注其他一些业绩衡量指标，包括可比零售额、毛利、新店数目等。果然，JCPenney 管理层接下来按业务部门和地理区域、每个收入和费用项目等标准来分析业绩表现。结果，收入、毛利、营业利润全面增长。然后，他们讨论公司财务状况，强调流动性和资本支出问题。特别是 2010 年 5 月 1 日总现金流量和短期投资达到 24 亿美元，长期负债为 30 亿美元。与预期相同，第一季度资本性支出为 1.16 亿美元。最后，管理层对下一季度盈利和 2010 年全年的盈利作出预测，实际上就是预测利润表，因为它实际上包含了一般利润表的所有项目，包括收入、毛利、管理费用、折旧和摊销、利息费用和所得税。因为它提供了管理层对公司未来发展的看法，所以这种预测备受期待（但不是强制提供的）。公告的最后，管理层提供了本季度三大主要财务报表的详细信息——利润表、资产负债表和现金流量表。

不是所有公司的盈利公告都像 JCPenney 这样全面。行业性质、管理层采用的披露政策以及一些其他因素都能影响这些盈利公告的信息丰富程度。尽管如此，JCPenney 的例子表明盈利公告远非简单的每股收益。

2.3 盈利公告的主要特征

季度盈利公告至少有六个特征使它们成为众多投资者关注的焦点，使我们在盈利公告前后进行期权交易。我们虽然已经简单提到了一些特征，但是这里值得给出详细介绍。

2.3.1 可预见性

不像媒体报道或传言那样不可预测，季度盈利公告日期高度可预测并且很有规律。许多公司遵守事先约定的盈利公告日程，所以本季度和下季度的公告日期通常与去年非常接近。并且，公司通常至少在实际公告一周前会告知投资者确切的公告日期。免费的网上盈利公告日程使投资者能轻易地得知数千家公司的盈利公告日期（例如，《华尔街日报》在 http：// online. wsj. com/mdc/public/page/markets_calendar. html 上提供盈利公告日程）。这种可预见性使盈利公告成为事件驱动型期权交易策略的完美选择。盈利公告是定期的经常性项目，每年盈利公告会发布四次。相比之下，并购公告或新产品公告几乎不可预测。

2.3.2 可靠性

由于有严格的法规约束（《1934 年证券交易法》）和严重的法律后果（SEC 10b-5），管理层在盈利公告中提供的信息相当可靠。您可能得在字里行间认真阅读，但是发现弥天大谎的情况还是相当罕见的。

2.3.3　信息性

在盈利公告中披露的信息对所有人来说多多少少是新消息。曾经，一些人先于一般投资者获得信息，但是这样的时代已一去不返。2000 年 8 月 15 日，SEC 开始采纳一个叫作《公平披露规则》（Reg FD）的新法规，禁止公司只向个别少数人披露信息。公司需要同时发布信息给所有人，也就是必须公平披露信息给所有人。这个新法规使金融分析师这样的投资专家（他们有时会得到泄露的重要信息）和普通的投资者（他们经常得不到信息）能够在公平环境下交易。

2.3.4　巨大市场波动

盈 利公告的第四个特征部分源自刚刚讨论过的特征。具体来说，盈利公告是最可靠的并且最不易被事先泄露，这意味着盈利公告在公布时经常有较大的价格反应（公告的可靠性是很重要的，因为如果信息不可靠，市场将不会反应那么强烈）。确实，正如我们在后几章将要讨论的，盈利公告前后股价波动幅度和交易量都比平时非公告日大。我们的分析显示，公司发布的一半的盈利公告有 30 倍于非盈利公告日的市场回报。这些特征使盈利公告成为进行期权交易时有力的参考因素，特别是对于波动驱动型的期权策略。

2.3.5　集中性

盈利公告的第五个特征是其并非每天以同一频率发布，而是倾向于集中发布。这是因为许多公司有相同的会计季度末。日历季度末（3 月 31 日、6 月 30 日、9 月 30 日和 12 月 31 日）也是约 65% 的上市公司的会计季度末。一些行业有它们自己的规则。例如，零售商通常将 1 月 31 日作为会计年末，因为假期的忙季会从 11 月持续到 1 月，将这些月份划归到同一会计年度很合理。会计季度末的集中再加上 SEC 的要求，使得公司在几天内公布财务业绩，从而不可避免地造成热点盈利季。传统上，许多市场参与者将 Alcoa（纽交所：AA）的盈利公告日作为盈利季的开始，并将大约一个月后作为盈利季的结束，因为大多数标准普尔 500 公司已经公布了业绩情况。盈利公告的集中表现对于投资者有重要影响，有两个原因。原因之一是所谓的混淆效应。当几家公司同时宣告盈利时，一家公司的股价也许会受另一家公司的影响，特别是当两家公司在同一行业时。最近，当风险厌恶和投资恐惧逐步增强时，一些公司的盈利公告对整个市场都有巨大影响，因为这些公司的盈利会被看作整个经济大环境的晴雨表。集中性如此重要的另一个原因是，投资者会做出被行为金融学家称为"有限注意"的行为。简单来说，当有过多的消息要了解时，投资者没有时间、意愿或认知能力来全面地分析信息中包含的所有与价值相关的影响。与这个观点一致，近期研究表明，当多个盈利公告集中在某一天发布时，投资者会对其反应不足，也就是信息不能充分反应在股价中。类似的，投资者对周五发布的盈利公告更会反应不足，也许是因为人们会因期待和计划周末活动或旅行而分心。

2.3.6 提供的其他信息

最后，正如 JCPenney 例子中表明的那样，盈利公告并不是只包含一个简单的 EPS 数据。研究表明过去几十年间，公司中有一个增长趋势，在公告中进行越来越多的披露，包括详细的利润表、资产负债表和现金流量表。投资

19

者需要更多的信息，而他们现在得到了需要的信息。并且，管理层在盈利公告期比原来更可能提供前瞻信息，例如未来季度的盈利和收入预测。这种预测不是法规要求的，有严格的自愿基础。管理层也讨论经营环境、机遇和风险，并且回答来自投资者和分析师的问题。所有这些额外信息的披露使盈利公告比10年前更具信息含量。对于投资者来说，盈利公告体现的所有这些丰富信息使单单只关注盈利数据变得远远不够了。季度EPS显然具有影响力，但是所有其他信息，特别是前瞻性信息，对股价也有巨大影响。

第 3 章

未预期盈余：定义和衡量

在前面的章节，我们讨论了盈利公告为何重要。本章要给出未预期盈余的定义。从表面来看，它的意思很明确。然而，未预期盈余的组成要素——实际盈余和市场的预期盈余——都充满争议，有待阐明。对实际盈余和预期盈余所持的不同判断标准，会影响我们考查未预期盈余。有时，当定义被调整时，一个正未预期盈余可能会变成负未预期盈余。

3.1 未预期盈余的定义

未预期盈余是指由公司管理层报出的实际盈余数与市场所期望的盈余数的差额。正未预期盈余意味着实际盈余高于预期，负未预期盈余则意味着有相反的情况发生。例如，如果市场对一家公司的盈余预期是每股 0.2 美元，公司报出的是每股 0.22 美元，那么未预期盈余是正的每股 0.02 美元。另外，如果公司报出的是每股 0.18 美元，那么未预期盈余就是负的每股 0.02 美元。这听起来也许很简单，但是实际上未预期盈余是一个很棘手的概念，因为实际盈余和市场的盈余预期都不是直接给出的——甚至是不能直接观察的。

3.2　实际盈余——列示的顺序

对于所有的上市交易公司，利润表中的会计盈余或净利润依据一般公认会计原则（GAAP）计算。如果您读过上市公司的利润表，在您读到最下面一行净利润的数据前，您就会注意到利润表中的几个中间步骤。例如，公司在给出净利润之前，一般会报告公司从持续经营中获得的营业利润和利润。撇掉技术细节不谈，一般来讲，这些利润衡量方法互不相同，因为它们各自代表不同的重置概念。编制利润表是阐明每个要素重置的可能性的一种方法。在表的上半部列示的收入和费用项目，如销售成本、销售收入、一般及管理费用，都有更大的重置可能。相对的，在利润表底端列示的项目被重置的几率更小，其中包括特殊事项及异常事项。从使用者的角度来看，利润表这样列示是有意义的。我们想看到那些我们经常会看到的、季度的、列在利润表上半部的项目。相似的，我们不关心那些本季度偶然发生的、我们可能不经常看到的部分。所以，这部分被列示在利润表的底部位置，在那里它们更少被注意。因此，在利润表上半部，我们会看到营业利润，包括所有被认为会重置的收入和费用，但不包括特殊项目和异常项目。同时，沿利润表进一步向下，从持续经营中获得的利润包括特殊项目，但是不包括非持续经营和其他异常项目。最后，接近底部的净利润包括所有项目，因此被称为最终数据

（bottom-line number）。

3.3 实际盈余：一般公认会计原则和华尔街的定义区别

在讨论所有关于公司的实际盈余前，我们似乎自然地认为净利润是投资一家公司时需要关注的事项，但实际却不是这样的。由公司管理层报出的、在电话会议中讨论的和由投资机构分析的盈余可能与利润表中列示的盈余完全不同。从投资者的角度看，一只股票其价值的主要决定因素在于能够逐季度地重置的盈余的比例。它有时被称为盈余的经常性部分，或持续盈余。任何一次性的、非经常性的盈余对股票价值的影响都很有限，因此在考虑公司将来的价值创造能力时它们相对不重要。例如，在经济衰退期，公司可能会解雇一些员工并付给这些员工辞退费用。市场将这些辞退费用看作不会经常发生的费用，因为一家公司不会经常辞退员工。公司的运作需要某一最少数量的员工。在这个特殊的例子中，市场在计算实际盈余时会对这个"一次性的"辞退费用作出调整。如果我们接受了这个逻辑，我们就会发现为什么营业利润是投资者更为关心的衡量指标。然而，营业利润与市场认定的实际盈余仍不相同。让我们广泛地引用研究成果来进一步阐明这一点。

在一项由 Bradshaw 和 Sloan（2002）进行的研究中，作者比较了一般公认会计原则盈余和所谓的华尔街盈余。他们将一般公认会计原则盈余定义为公司利润表中报告的营业利润，而将华尔街盈余看作华尔街经纪公司认定的实际盈余。华尔街盈余一般是对一般公认会计原则盈余的一种调整，在不同的行业会有所不同（因为根据每一个行业的特点，增加或减少的部分会有所不同）。作者在对比中发现，一般公认会计原则盈余和华尔街盈余有明显的差别，尽管事实上它们能衡量一家公司的会计业绩。而且，研究人员发现，两种衡量方法的差别会随时间的推移不断地增加。这表明随着时间的推移，投资者（或者更准确的说，华尔街的分析师们）会越来越不认同标准的一般公认会计原则盈余。也许最为有趣的是，研究还发现在获取公司的实际业绩时，华尔街盈余通常比一般公认会计原则盈余更好用（即更积极）。这意味着分析师认为，一般来讲，在一般公认会计原则规定下，标准的会计实务低估了公司真正的盈利能力。有些事实可以佐证这一观点。例如，研究和开发支出在一般公认会计原则规定下被视为费用，但多数人认为在知识型经济时代，将这些支出作为投资或资产或许更为准确。如果投资者要重做关于研究和开发支出的会计处理，则他们计算出来的盈余就会比用一般公认会计原则计算出的盈余高。类似的，Brown 和 Sivakumar（2003）的另一项研究发现，华尔街盈余比一般公认会计原则盈余更具价值相关性。与这些发现一致，现在许多公司，尤其是那些具有更多知识型资产的公司，如软件公司和生物科技公司，倾向于在发布一般公认会计原则盈余的同时发布估计的盈余。估计的盈余是指修正了标准的会计处理方法以更加准确地反映公司"真正"的盈余。有趣的（或许不足为奇的）是，估计的盈余也比一般公认会计原则盈余更好（译者注：earning 可以翻译成盈余和利润，本书在翻译时遵从已有的术语习惯，所以没有进行统一翻译）。

这一讨论表明一般公认会计原则盈余似乎低估了公司的"真正"盈余，华尔街——分析师、投资者，甚至是公司本身——已经迅速地调整了这些盈余（被称为华尔街盈余或估计的盈余）以使它们更接近现实。从这一角度讲，这是对一般公认会计原则盈余作出重大调整的理由，但在这里请尝试保持客观。另外，华尔街的分析师和公司的管理层可能会有意夸大盈余，因为他们对牛市有内在的偏爱。毕竟，当盈余更高并且股价增长时，所有这些实体都赢利了（至少在短期内）。所以究竟哪一种更好呢？华尔街盈余更好，还是更差呢？一些研究考查了这一问题，但是得到的证据却不一致。一方面，一项由 Doyle，Lundholm 和 Soliman（2003）进行的研究发现，一般公认会计原则盈余和估计盈余的差别——所谓的非经常盈余——实际上是重要的，并且两者似乎被市场以一种比华尔街所认为的更频繁的方式定价（实际上，作者详细说明了怎样利用两种盈余之间的差别来获取超额的股票回报）。另一方面，Chen 和 Gu（2004）的研究发现，分析师在决定非经常性项目是否应包括在华尔街盈余中时表现出了很好的判断力。具体来讲，作者发现分析师决定保留在华尔街盈余中的非经常性项目比排除在华尔街盈余外的非经常项目更持久（发生频率更大）。并且，他们发现被排除的项目不能帮助预测未来股票回报等相关信息。这表明华尔街似乎对经常性盈余的判断部分很准确。

最后，因为研究得出了几乎相反的结果，所以我们无法得出定论。然而，我们想通过阐述两种观点使您意识到，当最终判断未预期盈余的有效性时，有这些棘手的问题：未预期盈余是正还是负？是基于一般公认会计原则盈余还是华尔街盈余？在形成一个最终的、关于未预期性质的结论时，这些都是很重要的问题。并且，没有理由认为这是特别绝对的问题，有可能两边都是（部分）正确的。也许有缺陷的 GAAP 和过度乐观的分析师/管理者，都对一般公认会计原则盈余和华尔街盈余的差别有影响。无论原因如何，很明显，即使仅界定实际盈余也不是一个简单的工作。回到第 2 章"盈利公告：为什么如此重要？"中 JCPenney 的例子，即使投资人提前知道公司正计划报出的盈余是每股 0.25 美元，他也不清楚宣告的盈余数据是否与市场期望的数字相符。

3.4　盈余管理

最后，我们简单地提一下，实际盈余其实是有关盈余管理的问题。公司进行盈余管理是为了达到或超过市场预期，因为没有达到市场预期的后果是很严重的。会计盈余受到潜在的盈余管理的影响并不新奇。1998 年 9 月 28 日，SEC 前主席 Arthur Levitt 进行了一场有名的题为"数字游戏"的演讲。在演讲中，Levitt 先生概述了管理者操纵盈余的五种常见会计方法：巨额冲销、新型并购会计、多样储备金、滥用重要性原则、收入的确认。尽管这一话题超出了本书范围，但无数研究已经证明盈余管理在市场中仍十分盛行。然而，现在并不清楚这种（潜在的）持续的盈余管理实际上在市场中的作用如何。如果它是持续性的，则金融分析师和市场本身都会针对盈余管理作出调整，使得双方动态地并同时进行这场真实的数字游戏。这里需要强调，盈余管理不总与明显的、令人印象深刻的、最终能使公司一蹶不振的巨大数字有关。事实往往不是这样的，盈余管理时常发生在永远不被注意的、今年增加一分下年减少一分的较少数额上。尽管偶尔被媒体报出的盈余管理会对公司现在和将来的经营产生显著的长期影响，但短期影响更加难以预计。毕竟，盈余管理不能通过盈利公告立即判断出来。要想发现盈余管理，需要长期、持续地观察，以及法务会计师的团队和税务律师中的骨干。因此，盈余管理不是本书所讨论的交易策略的重点。

3.5　预期盈余：基准

未预期盈余计算的另一方面是，市场的预期盈余也许比实际盈余更难度量。不同的投资者对一家公司的盈余有不同的期望，但是市场的期望并不是所有个人投资者期望的简单平均。毕竟，您能将您祖母（不能区分收入和费用）的期望和一个已经关注公司 20 年的著名分析师的期望视为同等重要吗？可靠的做法是您更看重分析师的意见。类似的，与那些消极的长期投资者相比，您会更看重积极的短期投资者的期望，因为短期投资者交易更加频繁。因此，其对短期价格变动的影响更大（相反的，长期投资者一般会买进并长期持有，因此其对某一特定季度的盈余并不是那么关心）。为得到一家公司盈余的真实市场期望，我们需要知道市场上每一个投资者的期望和我们为每一个投资者的期望分配的权重。这显然是一项不可能完成的任务。

3.6　以时间序列为基础的期望

很明显，真正的市场期望是无法观察的，但我们可以运用我们能够得到的、可观察的信息去估计它。我们有两种方法。第一种方法就是假设投资者运用时间序列模型估计将来的盈余。时间序列模型是一个旨在分析不同时点的数据点的统计模型。最简单的时间序列模型是随机游走模型，它简单地认为本季度的盈余与前一季度的盈余相同。也就是说，市场对盈余的期望就是我们前期确认的值。这个模型尽管特别简单，执行效果却很好。然而，对于季节性很强的业务，使用这个模型就会产生很大的预测误差。例如，零售商会在假日里赚取相当多的利润，即假日的季度盈余会与其他季度的盈余存在很大差异。这个例子表明季度盈余也许会遵循一个季度的随机游走，即本季度的盈余被期望与去年同一季度的盈余相等。这当然是一个使时间序列模型更符合直觉的调整。因此，也许使用季度的随机游走模型会给出一个市场期望盈余的很好的估计值，例如，JCPenney 的市场期望盈余。对模型的进一步调整将允许公司的期望有一定的增长（偏离）空间。毕竟，对于一家正以指数方式成长的公司，要它的盈余与前一季度的盈余相同有些不现实。问题在于时间序列模型能够处理这样复杂的情况。关于时间序列模型，如随机游走模型，最关键的问题是，我们假设市场用一个相当简单的公式得出对盈余的预期。如果这是真的，成功的关键就是确定正确的公式。这样说来，之前的研究已经发现，时间序列模型在预测未来盈余方面似乎做得相当好。

3.7　以分析师们的一致预测为基础的期望

第二种可供选择的（更好的）估计盈余预期的方法是使用金融分析师们的盈利预测。卖方分析师们在金融市场中担任重要的信息媒介。① 分析师们花费大量时间，运用各种技术和资源去挖掘他们所关注的公司的尽可能多的信息。他们收集并加工的信息包括公共信息，其中最重要的就是公司的财务报表及附注。分析师们通过精读报表脚注中丰富的信息来洞悉公司的内部情况。他们最终的目标是建立对公司预期盈余的最佳估计。除财务报表之外，分析师们还研究其他信息，包括时间序列模型和内部开发的专门估值模型。最后，如果公司自身提供盈余预测（Earnings Guidance），那么其会为分析师盈余预测提供极其重要的信息。分析师付出努力并搜集了额外信息后，再听到研究人员已经考查了关于分析师所做盈利预测的简单时间序列模型也就不足为奇了。总之，这些研究发现，分析师预测并不完美，但这些预测都做得相当好。

分　析师关注的重点差别很大。许多公司规模很小并且流动性不强，通常不会受到任何分析师的关注。然而，一些公司却会被无数的分析师所关注。例如，关注苹果公司（纳斯达克：AAPL）的分析师有 47 位，关注埃克森美孚公司（纽交所：XOM）的分析师有 21 位，关注微软（纳斯达克：MSFT）的分析师有 34 位。当有多于一位的分析师做预测时，市场用一致预测来代替无法观察的市场预期。一致预测往往是在一定期间内，如 30 天，所有分析师预测的平均数或中

---

① 卖方分析师试图向潜在投资者出售他们的服务（一般以提供分析师报告和意见的形式）。另外，买方分析师为了对他们自身的业主账户进行投资，如避险基金，而选择分析这些公司。

位数。更为复杂的模型会为不同分析师的预测赋予不同的权重。[①] 一致预测提供了近似于公司预期盈余的市场期望的一个实用方法，因此被广泛运用。这些一致预测可以从许多公共网站上获得，比如说雅虎财经。

让我们以家得宝（Home Depot，纽交所：HD）为例。约 25 名分析师发布了家得宝公司的盈余预测。2010 年 7 月，对于即将到来的季度，所有盈余预测的平均值是每股 0.71 美元。这个平均值是根据高达每股 0.74 美元、低至每股 0.68 美元的区间值计算而来的。在这些估计中，也许有一些出自小证券经纪商雇佣的初学者，另外一些则出自华尔街主要的、对家得宝公司的盈余预测保持良好记录的投资机构所雇佣的、有经验的分析师。问题不在于达成一致预测的每个分析师的个人背景如何，而在于他们之间的意见存在分歧。估计中存在更多分歧表明公司的盈余存在着更大的不确定性。家得宝公司的估计值存在 0.06 美元的变动幅度（从 0.68 美元到 0.74 美元），这个范围相当窄。也有与此相反的公司，如美国银行（Bank of American，纽交所：BAC），它最近的一致估计为 0.18 美元，但是估计区间介于 0.01~0.33 美元之间。这样

[①] 一些分析师的声誉比其他人好，也许因为他们证明了他们在预测盈余或推荐可获利交易方面具有出色的能力。分析师的声誉重要吗？换句话说，分析师过去展现了优秀的盈余预测能力，但将来其一定能继续作出准确的预测吗？答案是，是的。Brown（2001）发现，分析师过去预测的准确性是将来预测准确性最重要的预示。这为计算市场期望时，更好的分析师应该被赋予更高的权重或更受重视提供了证据。极端情况下（尽管我们不推荐），您也许就用一位"明星"分析师的预测作为市场对盈余的期望。Park 和 Stice（2000）发现，"明星"分析师的预测修正会产生更大的市场反应。然而，这并不意味着这种声誉对"明星"分析师分析的其他公司继续起作用。在另一项研究中，Bonner，Hugon 和 Walther（2007）发现，投资者对那些有更多媒体关注的"明星"分析师的预测修正的反应更强烈，即使这些分析师看起来并不比媒体较少关注的分析师的预测更准确。

的公司离散水平非常高。① 最后，分析师一般会提供对过去和
将来期间的预测。例如，对于家得宝，也提供了公司去年的
EPS，如果您运用一个时间序列的随机游走模型，您会需要这
个数据。家得宝去年的 EPS 为 0.64 美元。并且，也提供了对
下一季度 2010 年 10 月的预测，还有到 2011 年 1 月和 2012 年
1 月为止的整个会计年度的预测。

分 析师一致预测的计算不是没有问题的。第一，不是
所有的分析师都在同一时间发布预测。这意味着一
些预测比另一些更及时。比起旧的、没有包含最新消息的预
测，直觉上应该对更及时、更近的预测赋予更高的权重。事实
上，无数研究都表明预测的及时性（或预测期间）是决定预
测准确性的主要因素。最近的预测通常比一致预测更加准确。
这是有道理的，因为最后作预测的人能够获得直到其预测时点
的一致预测。他还能吸收任何新的信息以供预测。第二，分析
师可能使用不同的盈余概念。正如我们之前所讨论的，不同的
分析师在他们的盈余预测中会决定加入或排除不同的项目。如
果我们简单地使用不同分析师预测的平均数，而不确切地了解
他们的盈余定义，我们就会犯将苹果与橘子相比的错误。

3.8 盈余向导：管理者怎样影响实际 盈余和预期盈余

　　早前，我们简单地讨论了盈余管理和管理者怎样通过操纵

---

　　① 这些不确定性如何影响股票估值？ Miller（1997）提出了一种理论，由于
有卖空限制，不确定性更高的股票倾向于被高估价格。Diether, Malloy 和
Scherbina（2002）用分析师预测的离差（预测的标准差）来衡量意见分歧。他们
发现，与 Miller 的预测一致，预测离差更高的股票回报更低。第 15 章"其他理论
和证据"会讨论意见分歧对盈利公告回报的影响。

实际盈余以达到或超过市场的期望。用相同的方式，管理者也可能操纵期望盈余。具体来说，市场的期望盈余是个人分析师的预测函数。因此，管理者也许会试图操纵分析师的预测。一些研究发现，管理者和分析师在进行一个双向的盈余向导游戏。管理者会用他们的盈余向导能力逐渐地使分析师的预测降低到一个可以超越的水平。他们通过发表公开声明来巧妙地降低分析师的期望，并通过证实更加现实的预测来使那些过度乐观的分析师气馁。① 研究显示了一个符合盈余向导游戏的修正分析师预测的清晰模式。具体来说，分析师在每期的期初倾向于发布乐观的预测，但随着时间推移，他们会降低盈余预测。当正式宣告实际盈余时，一致预测可能会低于管理层宣告的实际盈余。这表明，一般来讲，可预见未预期盈余为正。然而，仍然很难预测哪家公司的未预期盈余是正的。理论上，您可以通过检查公司财务报表的编制来调查这种可能性，并且将这些与分析师后来作出修正相联系，但这并不容易。而且，在投资者也意识到存在这种盈余向导游戏的情况下，即使我们能预测出公司具有正的未预期盈余，也不见得一定会带来积极的市场反应。

---

① 这些自愿披露会对股价有显著影响（反之亦然），见 Shon（2009）。

第 4 章

未预期盈余：经验证据

上一章中我们讨论了定义与衡量未预期盈余时出现的困难。表面上看这很简单，但实际上却并非如此。本章中，我们将进行一项调查，这项调查会收集 25 年间规模最大的 1 000 家上市公司的未预期盈余数据。我们考查这些未预期盈余的性质，特别是它们的横截面分布。我们通过观测过去 100 个季度中这些未预期盈余的时间序列趋势，来考查这些未预期盈余是怎样变化的。总体来说，经验证据阐明了盈利的重要性。即使是在分析师和公众能够获得大量信息的今天，它也依然很重要。首先，我们来讨论几家公司的未预期盈余。

4.1 未预期盈余的个例：苹果公司、美国银行、福特汽车公司

我们以几个简单的未预期盈余的例子作为本章的开始。调

查未预期盈余有几个免费的渠道。例如，雅虎财经提供过去四个季度未预期盈余的免费信息（信息来自于 Thomson Financial Network。雅虎！别预测这些信息）。您可以找到一家公司的股票信息（登录 http：//finance.yahoo.com），之后点击该公司主页左侧的分析师评估，找到相关信息。也可以在其他网站，如《华尔街日报》，找到类似的信息。此外，还有收费的信息提供渠道，如 Thomson Reuters，会提供更及时、全面与具体的信息。

让 我们来看一下三个大公司的未预期盈余：苹果公司（纳斯达克：AAPL），美国银行（纽交所：BAC）和福特汽车公司（纽交所：F）。未预期盈余一般包括实际每股收益、每股收益预测和两者之间的差额。这个差额就是未预期盈余，它有时也被表示为差额除以每股收益预测所得到的百分数。

即使对一些知名的大型公司而言，未预期盈余也可能很大。鉴于一些大型蓝筹股公司披露的信息比较充分并且分析师在预测其盈利时花费了功夫，您也许会认为这些公司的未预期盈余很小，但事实却远非如此。例如，福特公司 2009 年 9 月预测每股收益为 -0.12 美元，但是实际每股收益却是 0.26 美元，未预期盈余为 0.38 美元，产生了 316.7% 的差异！依您先前所想，即使是 20% 的差异也是相当大的。又如，美国银行 2010 年 6 月预测每股收益为 0.22 美元，但是实际每股收益却是 0.27 美元，未预期盈余为 0.05 美元，产生了 22.7% 的差异。您也许会认为，这仅是因为选择 2009 至 2010 年这一动荡时期，但是我们会向您展示即使是在正常的市场条件下，未预期盈余也可能是相当大的。这些结果进一步强化了上一章的结论：准确预测盈利是相当困难的。

通过考查这些公司，我们发现的另一种现象是分析师似乎总是有偏见地进行预测。例如，连续 4 个季度，苹果和福特都有较大的正的未预期盈余。过去 4 个季度（从 2009 年 9 月开始），苹果的未预期盈余分别是 95.1%、75.6%、35.9% 和 12.5%，全都是正的。福特过去 4 个季度的未预期盈余也一直为正，分别为 316.7%、65.4%、48.4% 和 70.0%。难道分析师被欺骗了？难道他们的预测过程存在偏见？[①] 我们能否从这明显的现象中看出些什么呢？比如，未预期盈余是持续的吗？简短回答：是。我们将在第 14 章探讨"未预期盈余的持续性"。这些都是随便翻看报表后会提出的很明显的问题。但当我们考查数千家公司的季度观察报告的经验证据时，依旧会面临这些问题。

最后，请注意：您应该谨慎解读未预期盈余的百分数。未预期盈余的百分数（就任何百分数而论）对"分母效应"特别敏感。百分数可能看起来很大，但仅仅是因为分母很小，这里的分母是每股收益预测。例如，2010 年第一季度，美国银行披露了 211.10% 的正未预期盈余。然而，这个相当大的未预期盈余主要是由接近于 0 的每股收益预测 0.09 美元所导致的。另一个问题是每股收益预测有时是负的，而由负数计算出的比率没有多大意义。例如，福特 2009 年第三季度有一个 316.70% 的正未预期盈余。通过进一步的观察发现，每股收益预测为 -0.12 美元，但是实际每股收益却是 0.26 美元。如果

---

① 许多研究证明，分析师有发布积极预测的倾向（Fried 与 Givoly, 1982；O'Brien, 1988；Francis 与 Philbrick, 1993）。我们将在第 15 章"其他理论与证据"中，与"其他形式的分析偏见"一起来讨论这些问题。

每股收益预测是 −0.22 美元的话，未预期盈余为 0.48 美元，比实际的未预期盈余还要大，但是计算出的未预期盈余百分数仅为 218.18%，比 316.70% 小。

4.2 公司间的经验证据

现在让我们看一些未预期盈余的大样本证据，它能帮助我们了解未预期盈余在大样本中的分布，而不仅仅是前一部分中随机选取的三家公司。为了建立一个真正有代表性的样本，我们将分析范围设定在罗素 1 000 指数的大盘股中（也就是美国最大的 1 000 家上市公司）。我们将未预期盈余定义为这两个值之间的差额——实际每股收益和盈利公告发布前 30 日内的每股收益预测的中位数（我们用每股收益预测的中位数而非平均数，是因为平均数会受到极大和极小异常值很大的影响。然而，即使我们用平均数也不会改变结果与结论）。我们的样本期间为 1984—2009 年，总共包括 82 507 个未预期盈余。

如果直接比较未预期盈余的绝对值是没有意义的，在做比较之前，我们需要将未预期盈余标准化。有两个变量可以做到这点。第一个变量是 Yahoo! Finance 使用的每股收益预测。然而，正如前所述，这个变量经常会受到每股收益为负或者接近 0 的影响，这就使分析未预期盈余比率不那么具有意义。第二个可用于未预期盈余标准化的变量是公司的股价，用股价进行标准化是学术研究者的常用方法。

表 4.1 披露了罗素 1 000 股票 1984 年 7 月—2009 年 12 月经标准化后的季度未预期盈余的分布。

表4.1　　　　　　　　经标准化的未预期盈余的分布

分布	用每股收益预测进行 标准化后的未预期盈余	用股票进行标准化后的 未预期盈余
最大值	167.0000	2.1747
十分之九分位数	0.2564	0.0034
四分之九分位数	0.0943	0.0013
二分之一分位数	0.0069	0.0001
四分之一分位数	−0.0441	−0.0007
十分之一分位数	−0.2500	−0.0041
最小值	−479.0000	−9.9601
平均值	−0.0749	−0.0017

　　表4.1的最后一行显示季度未预期盈余平均为−0.0749或此前每股收益预测的−7.49%。用股价进行标准化后，未预期盈余为−0.0017或每股收益普遍预测的−0.17%。接下来，通过考查未预期盈余的中位数，我们发现超过半数的未预期盈余为正值。当用每股收益预测进行标准化时，最小和最大的标准化未预期盈余相差很大（最大为167%，最小为−479%）。这是因为这些样本的每股收益预测非常接近0，会产生前述的"分母效应"。

　　最后，我们注意到许多公司都会有相对较大的未预期盈余。我们能从四分位数中看出来。具体来讲，四分之三分位数是9.43%，暗示着这个时期前25%的未预期盈余比9.43%要大。同样的，四分之一分位数是−4.41%，暗示着这个时期后25%的未预期盈余小于−4.41%。这些都是很大的价格波动。

　　从上述经验证据得出的主要结论是，过去25年间未预期盈余竟然如此之大。这对于我们来说是个好消息，因为这些未预期盈余意味着股价反应强烈。价格大幅波动现象的存在是稍后将要讨论的交易策略的主要组成因素之一。

4.3 各时期的经验证据

未预期盈余的分布随着时间怎样变化？一种理论认为，现代社会信息触手可得，公司被强制披露的信息不断增加，卖方分析师才能的增长和可获得资源的增加几乎能够保证宣告未预期盈余的情况较少发生。然而，事实却并不是这样的，如图4.1 所示。

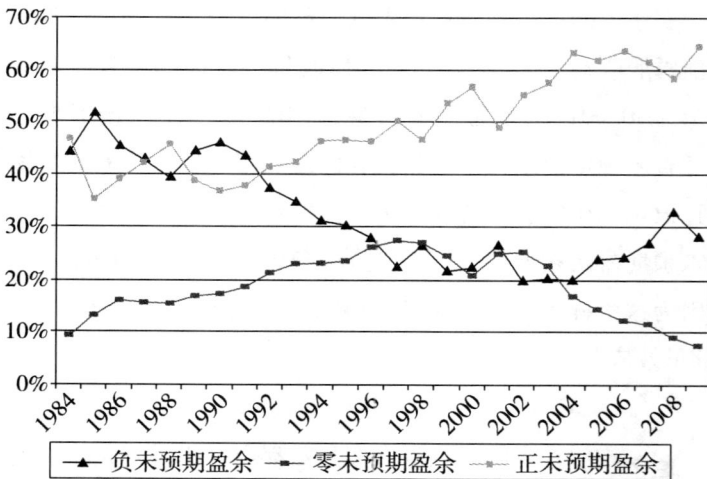

图4.1 随着时间推移，正、零、负未预期盈余的分布

图4.1 显示一年中正、零、负未预期盈余的百分比。显然，这三种未预期盈余总计为 100%。我们的数据期间为 1984—2009 年。

有趣的是，我们发现过去 25 年中，正好符合预期（没有未预期盈余）的零未预期盈余即盈利公告的百分比直到 21 世纪初一直稳定增加。从 21 世纪初开始，零未预期盈余开始有所减少。显然，这种零未预期盈余的减少意味着，正和负的未预期盈余变得更加常见了。这正是我们所看到的现象。具体来说，我们注意到了负未预期盈余的稳定减少和正未预期盈余的稳定增加。这与上一章结尾谈到的盈余向导逐渐走低相符。随着时间的推移，管理层在操纵盈余预期上变得更加精明，以便在宣告盈利时能够给市场带来惊喜。这造成了负未预期盈余的稳定减少和正未预期盈余的稳定增加。然而，您会注意到最近几年这些趋势被扭转了。例如，2008 年负未预期盈余急剧增加和正未预期盈余急剧减少，反映出分析师大大低估了金融危机的严重性。随着经济的逐渐恢复，我们预期会看到更多正未预期盈余和更少负未预期盈余，这是很有可能的，因为分析师可能会过分关注公司的惨淡光景而低估了复苏的强劲势头。确实，2010 年前两个盈利季度证实了大多数公司使投资者大吃一惊。

总体来说，分析各时期经验证据得出的主要结论是尽管信息披露得足够充分，未预期盈余依旧比 5 年前更加常见。表 4.1 和图 4.1 的证据都表明未预期盈余可能会非常大，而非消亡殆尽。这个结论是我们的理论（怎样使基于盈利公告的期权交易有利可图）的第一步。在第三部分，我们将讨论这一理论的第二步，即市场对这些未预期盈余的反应是很大的，也是极不可预测的。

掘金： 从公司盈利信息揭秘期权投资

Trading on Corporate Earnings News: Profiting from
Targeted, Short-term Options Positions

第三部分　　证据：市场反应

第二部分较为全面地介绍了盈利公告和未预期盈余。第三部分主要讨论这些与盈利有关的事件的市场反应。市场反应实际是指盈利公告发布日前后短时间内发生的股价波动。第5章从公司间和各时期两方面大体上介绍了盈利公告带来市场反应的经验证据。第6章阐述了相似的市场反应证据，但主要是从未预期盈余的角度进行说明。只有理解了股票市场基本的运作方式，才能领会后续章节所介绍的以期权为基础的交易策略。因此，后面两章实际上是在为我们掌握期权策略奠定基础。不论你多么遵从市场，它都会令你感到意外。

对盈利公告的市场反应

在前面的章节中，我们讨论了盈利公告（第 2 章）和未预期盈余（第 3 章和第 4 章）。本章，我们将从总体上讨论股价对这些与盈利有关的事件的反应。特别是，与第 4 章介绍未预期盈余的分布的证据相似，本章我们通过实证检验来向你说明盈利公告对市场反应的分布是怎样的。本章中，我们的实证检验没有考虑未预期盈余的方向（我们将在下章讨论）。总之，我们发现即使当今的世界出现信息超载，近年来市场对盈利公告的反应依旧一直在增强。

5.1　什么引起了市场反应？

正如我们在前面章节中讨论的一样，盈利公告包含了许多与公司过去、现在和将来的表现价值相关的信息。现在让我们花点时间讨论一下股价的反应或者说市场的反应。由于只有最新的、没有被预料到的信息才能影响股价，所以盈利公告本身不能保证带来一个强烈的市场反应。换句话说，如果一个盈利公告没有包含任何新的信息，而只是确认了市场已经知晓的信息，那么市场不会有强烈的反应，因为旧的信息已经包含在股价中。[①] 就市场似乎对没有信息含量的盈利公告也会有反应来说，我们可以得出结论，通过消化和分析公告中的零星信息，投资者会改变对股价的看法。一定比例的投机者、当日交易者甚至一些交易频繁的投资者都可能影响股价的波动。我们先不考虑那些引起市场反应的潜在原因，仅花些时间看看这些市场反应是怎样表现的。

5.2 公司间的经验证据

本章的目标是试图通过测试一组公司样本，得出公司间普遍适用的结论。为此，我们希望创建一个广泛的、有代表性的公司样本，而非一些仅为了阐述先入为主的观点而有意挑选的少量样本。为了创建一个真正有代表性的样本，我们再一次地将我们的研究锁定在 1984—2009 年的罗素 1 000 指数中的所有的大盘股。我们的样本总共包含 110 495 份市场反应观察报告，代表了由 1 000 家顶级公司发布的所有盈利公告。

表 5.1 显示了整整 26 年间股票市场对盈利公告反应的分

---

① 市场知道多少未来盈利公告包含的信息呢？在 40 年前进行的一项著名研究中，Ball 和 Brown 发现，在好消息被实际披露的几个月前，股价就趋向于稳步增长，并且在发布坏消息的前几个月，股价就一直下跌。这个发现不那么令人感到吃惊。市场有极其敏锐的嗅觉，能够发觉世界各个角落的信息。这是因为市场由不同的参与者组成：投资者、分析师、雇员、供应商、债权人，在投资前他们都花费了大量的时间和资源去搜集信息。他们分析以前年度财务报表包含的历史数据，对公司进行实地考察，向重要的相关人员提出询问，如管理层、雇员和竞争者。当然，这看起来与我们这些章所阐述的存在大额未预期盈余的情况相矛盾。对此，我们将在第 15 章"其他理论和证据"中详细说明。

布。我们报告的回报是经过市场调整的，即为超额回报，其意味着我们从每家公司的原始回报中减去了一致的（加权平均）市场回报部分。这种调整是为了消除一般市场波动的影响，充分突出个别公司高于或低于平均市场波动（回报）的那一部分回报。例如，假设苹果公司在盈利公告发布期间的回报是3%，相同期间内，标准普尔 500 指数的回报也是 3%。你就很难说苹果公司拥有一个良好的公告期回报，因为当天它与任何一家公司的平均回报相同。

表 5.1　1984—2009 年罗素 1 000 股票盈利公告对超额回报的分布

分布	3 天回报窗口	21 天回报窗口
最大值	246.24%	332.34%
十分之九分位点	17.41%	11.57%
四分之三分位点	2.74%	5.37%
二分之一分位点（中位数）	0.10%	0.00%
四分之一分位点	-2.34%	-5.16%
十分之一分位点	-5.59%	-10.82%
最小值	-84.24%	-93.38%
平均值	0.20%	0.31%

另外，为使您能够观测不同持有期间的回报差异，我们设置两个盈利公告窗口：3 天回报窗口和 21 天回报窗口。如果我们用第 0 天表示盈利公告日，公告日当天及前后两天都是交易日，那么 3 天回报窗口显示的就是第 -1 天的回报、第 0 天的回报和第 1 天的回报。我们从实际公告发布日的前一天开始计算，并推迟一天结束计算的原因是，盈利公告可能在开市前发布，也可能在交易时或闭市后发布。提前一天计算回报是为了确保能够捕捉到某些在盈利公告发布前泄漏

的信息在第一时间造成的市场反应。同样，推迟一天结束回报的计算是为了让市场有充分的时间消化盈利公告中所蕴含的信息。接下来，21 天回报窗口显示的是第 -19 天到第 1 天的回报。由于在实际公告发布的前几天或前几周内，许多公司会发布盈利预报，我们要确保抓住这种可能影响股价的信息泄露的特殊形式，因此我们选用了一个时限较长的窗口。细节讨论完毕，让我们看看结果。

表 5.1 包含了几条有用的信息。首先，总体上来说，通过分析 26 年间所有的盈利公告回报可以看出，积极的盈利公告回报数与消极的盈利公告回报数几乎一样多。我们得出这样的结论是因为 3 天窗口的盈利公告回报的中位数（50%）是 10 个基点，21 天窗口的盈利公告回报的中位数是 1 个基点，实际上约等于零。这表明有一半的回报高于零，而另一半回报低于零。其次，我们看一下盈利公告的平均回报（在最后一行列示），3 天窗口的回报是 20 个基点，21 天窗口的回报是 31 个基点。因此，平均来看，盈利公告回报不是很大。然而，如果从这些数据上就得出结论——盈利公告带来的市场反应总是很小，那就犯了一个大错误。毕竟，平均数只是一个平均，它不能显示回报的变动。为此，我们还需考虑四个分位点。具体来讲，3 天窗口的四分之三分位点回报是 2.74%，四分之一分位点回报是 -2.34%。这意味着有四分之一的盈利公告回报大于 2.74%，同时，也有四分之一的盈利公告回报小于 -2.34%。对 21 天窗口来说，相同分位数上的盈利公告回报数是 3 天窗口的两倍大小，它们分别是四分之三分位点回报 5.37%，四分之一分位点回报 -5.16%。当这些回报与 3 天（或 21 天）没有盈利公告发布期间的回报相比较

时，可以发现它们是巨大的。例如，假设在过去的 50 年间，股票市场的平均回报率大约为 7%。再假设一年有大概 250 个交易日。平均计算，每天的市场回报约为 2.8 个基点（= 0.07/250）。这意味着一个 3 天期的回报约为 8.4 个基点，21 天期的回报约为 58.8 个基点。哇，这些数字都好小。当我们将这些数字与那些盈利公告日前后的数字相比较时，结论是相当明显的。原来，有半数公司（超过四分之三分位点或低于四分之一分位点的公司）3 天的盈利公告回报是那些没有发布盈利公告期间回报的 30 倍，10 天的盈利公告回报是没有发布盈利公告期间回报的 10 倍。如果我们看十分之九分位点和十分之一分位点的公告回报，很容易发现回报更加显著。一般性的结论就是盈利公告期间的市场波动可以相当大（对交易量和回报波动的类似证明同样存在，尽管这些并不属于本书的范畴）。[①]

5.3 各时期的经验证据

刚 刚介绍的证据表明，与不存在盈利公告发布的期间相比，有相当数量的盈利公告会带来很大的市场反应。然而，也许这个现象不过是过去的一种想象。这些剧烈的市场反应在信息超载的今天还会存在吗？当这么多经验丰富的市场参与者将大量的技术资源用于交易活动时，这些剧烈的反

[①] 对盈利公告的市场反映不仅体现在股票回报的数额上，也体现在股票的交易量和回报波动上。一项先驱性研究表明盈利公告期间交易量和回报波动幅度都在急剧增加（Beaver, 1968）。最近，Landsman 和 Maydew（2002）采用更新的数据和更为复杂的统计技术证实了 Beaver 的研究结论。存在这样一个假设：由于会计数据（和盈利公告）不能很好地反映现代公司的经济情况，因而其不再具有信息含量。然而，上述研究成果违背了这一假设。确实，作者也发现，近年来盈利公告期间的交易量和波动都有所增加（这也许与现在的盈利公告扩大了披露和盈利预测的范围有关）。

应还会发生吗？这些年来盈利公告带来的市场反应不那么明显了吗？从我们的分析来看，答案似乎是很明显的否定。甚至，近年来盈利公告的回报更不稳定。

图 5.1 显示了 1984—2009 年每年盈利公告回报的 3 天窗口的十分之一分位点、四分之一分位点、四分之三分位点和十分之九分位点。图 5.2 显示了 21 天窗口的相同数据。两图均表明，26 年间分位点回报呈现增加的趋势。例如，十分之九分位点在公告期间的回报在 1984 年是 5.0%，随后就稳步增长至 2009 年的 12%。你可以测试两图中的任意一个时间序列，都能得到相似的结论。例如，1984 年，四分之一分位点在公告期间的回报约为-2.5%，到 2009 年约为-4.5%。很自然的，一些年度由于市场波动增强，如 2000 年、2001 年、2008 年和 2009 年，使得盈利公告的回报增加。然而，即使我们忽略这些年份，结论也是相同的：随着时间的推移，对盈利公告的市场反应似乎在规模和强度上都有所增加。造成市场反应一直增强的原因有几条，但它们都不在本书讨论的范围内。对我们来说更重要、更相关的是，证据明显表明，这些年来，在盈利公告发布前后进行以期权为基础的交易的获利机会并未降低。实际上，随着市场反应波动的增强，最近几年的交易机会已经变得更加有利可图。

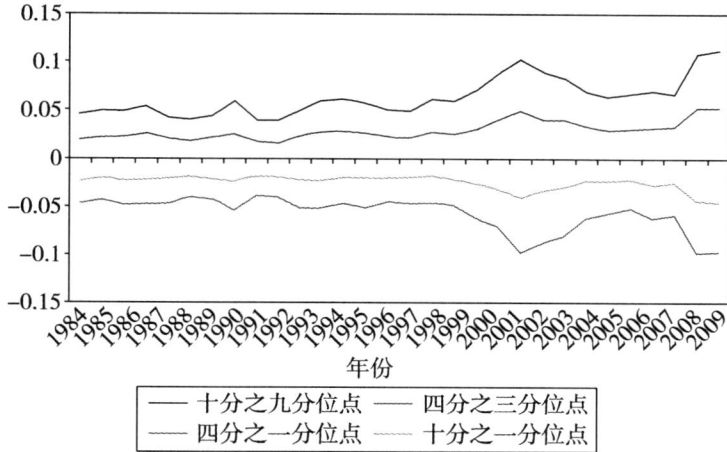

图 5.1　3 天期盈利公告年超额回报的分布

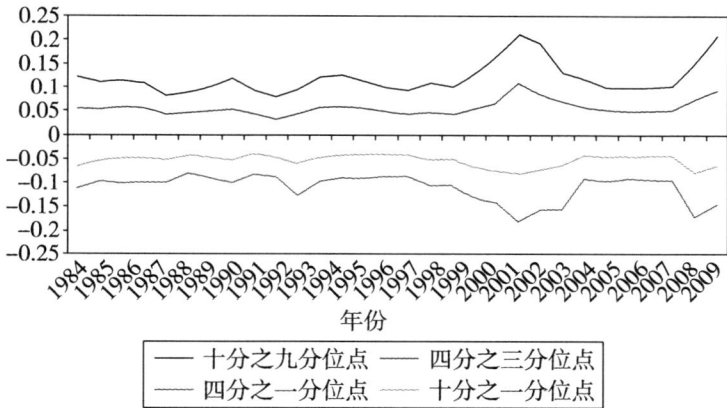

图 5.2　21 天期盈利公告年超额回报的分布

第6章

市场对未预期盈余的反应
——总是出人意料

在许多方面，我们认为本章是全书知识和理论的核心。前面的章节里，我们在没有考虑盈利公告的实质内容的情况下考查了市场对盈利公告的反应。换句话说，正的或负的未预期盈余存在么？本章我们要在考虑未预期盈余方向的基础上继续考查市场反应，您会发现结果十分令人惊讶。我们的发现是几乎一半的未预期盈余与市场反应方向相反。当然，我们也会注意到，正的未预期盈余偶尔会造成股价下跌，但没人能猜出这样的现象如此常见，以至于每隔一个盈利公告就会出现一次。我们这里介绍的研究成果是我们推荐期权交易策略的关键，所以您能完全接受是十分重要的。让我们具体谈谈。

6.1 公司间的经验证据

我们以直觉中的未预期盈余与市场反应之间的关系——一个很好的说法开篇。通常，正的未预期盈余会带来积极的市场反应，而负的未预期盈余将伴随消极的市场反应。当然，我们可以有意地选取一些样本令结论相反。但我们能用过去 30 年的市场反应特性得到一般的结论吗？当我们把庞大的市场看作一个整体时，股价反应与未预期盈余的方向相同还正确吗？让我们看一些经验证据。

首先，我们进行研究设计。我们的样本与前几章选用的样本相同，是 1984—2009 年间罗素 1 000 指数中大盘股所包含的股票。我们将未预期盈余定义为公司宣告的每股收益与市场预期的每股收益之间的差额，并且将盈利公告发布前 30 日内的预测盈利的中位数作为市场预期盈利的替代变量。我们用盈利公告日前后的 3 天时间窗口或 21 天时间窗口计算未预期盈余的回报。重要的是，所有的公告回报都用同期的（加权平均的）市场回报进行了调整，因此能够突出个别公司的表现，而无须考虑一般市场波动的影响，这种回报叫作超额回报或经过市场调整的回报。最后，我们关注年度未预期盈余，是因为年度预测要比季度预测多。请注意，所有这些细节对于测量变量既是标准也是容易接受的方法，但我们得出的结论并不依赖它们。我们用不同的方法测量这些变量得到的结果是相当稳健的。

在我们测量了所有的变量后，我们将未预期盈余分成三类：正的未预期盈余（宣告的盈利高于预期）、未预期盈余为零（宣告的盈利等于预期）和负的未预期盈余（宣告的盈利低于预期）。在我们的样本中，正的未预期盈余、未预期盈余为零和负的未预期盈余分别为总观测值的51%、16%和33%。正的未预期盈余约占所有未预期盈余的一半。未预期盈余为零（实际恰好等于预期）最少见。

图 6.1总结了3天时间窗口的回报情况。图例分别显示了三类未预期盈余中每一种的回报分布（具体来讲，包括十分之九分位点、四分之三分位点、中位数、四分之一分位点和十分之一分位点的未预期盈余的回报分布）。图6.1包含了几条重要信息。首先，对于中位数上的回报，正的未预期盈余带来正的回报，未预期盈余为零的回报接近于零，而负的未预期盈余的回报小于零。这些中间的标有中位数的条形表示三类未预期盈余的中位数回报，从中我们可以观察到上述规律（尽管没有体现在图中，这一类别的平均超额回报分别为：正的未预期盈余是1.44%，未预期盈余为零是−0.27%，负的未预期盈余是−1.36%）。因此，平均来说，正的未预期盈余会伴随积极的市场反应，未预期盈余为零几乎没有市场反应，而负的未预期盈余会伴随消极的市场反应，这是有道理的。当你仔细观察中位数左、右两侧的反应时，你会发现第二个规律：在回报分布的所有点上，正的未预期盈余的回报总是比负的未预期盈余的回报大。换句话说，正的未预期盈余总是比负的未预期盈余多，这也不足为奇。

6.1.1 反向的市场反应

我们的第三个也是最重要的观察规律是：正的未预期盈余并不总是好消息，而负的未预期盈余也并不总是坏消息，我们

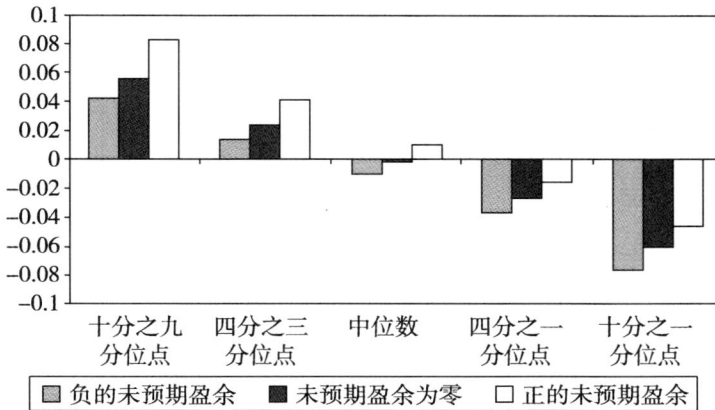

图6.1 3天时间窗口未预期盈余的超额市场反应

基本上可以从除了中位数集合外的任何一组条形中观察出来。例如，观察四分之一分位点的回报时，你首先会注意到负的未预期盈余带来了相当消极的市场反应，约为-4%，但重点是即使正的未预期盈余也会有消极的市场反应，图中约为-2%。让我们重复一遍，当观察四分之一分位点上的回报时，我们发现正的未预期盈余伴随着约为-2%的消极的市场反应。在观察十分之一分位点上的回报时（最右侧的条形），情况甚至更糟，正的未预期盈余的回报约为-5%。并且，这些都是高于市场一般水平的超额回报。

当我们转而观察分布图的另一边时，情况大体相同。例如，考虑十分之九分位点的数据（最左侧的条形），同样的，正的未预期盈余伴随着约为8%的积极的回报。但负的未预期盈余也有这样的现象，这里的负的未预期盈余带来的回报约为4%。确实，即使是那些与预期相符的公司公告（未预期盈余为零的一类）也伴随着接近6%的市场反应。

图

6.2 总结了 21 天时间窗口的相似发现。回忆一下，21 天时间窗口是从盈利公告日前 19 天开始，在盈利公告日后 1 天结束，这样做是为了检测到盈利预报或以其他形式造成的信息泄漏，得出的结论大体上与较短的 3 天时间窗口相同。注意虽然两个图看起来很相似，但 y 轴的数值范围不同，3 天时间窗口回报的 y 轴范围介于–10% ~ 10%，21 天时间窗口则介于–20% ~ 20%。因此，21 天时间窗口的未预期盈余的市场反应范围要远大于 3 天时间窗口。总体来说，正的未预期盈余得到了市场的奖励，而负的未预期盈余遭受了惩罚。21 天期对正的未预期盈余、未预期盈余为零和负的未预期盈余的平均超额回报分别是 2.38%、0.09% 和–2.5%。然而，即使是在更长的期间里，正的未预期盈余也不总是好消息，负的未预期盈余也不总是坏消息。四分之一分位点的正未预期盈余的回报是负的，而四分之三分位点的负未预期盈余的回报是正的。我们从十分之一分位点和十分之九分位点上可以得出相似的结论。

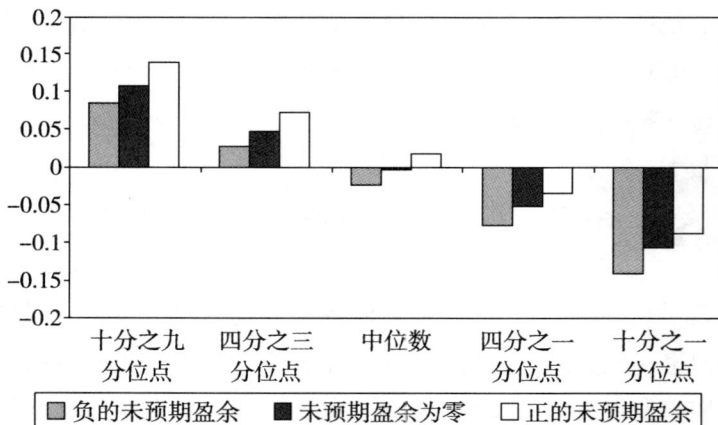

图 6.2　21 天时间窗口未预期盈余的超额市场反应

这些数字中最令人惊讶的是，有很多正的未预期盈余伴随着消极的市场反应，而负的未预期盈余带来积极的市场反应。我们还未将这些反向反应的精确情况制成表格。表6.1 显示了样本中的一些数据。

表6.1　正的、零、负的未预期盈余的正或负的超额回报的比例

	3 天回报窗口		21 天回报窗口	
	正的	负的	正的	负的
正的未预期盈余	60. 55%	39. 45%	51. 18%	40. 82%
未预期盈余为零	48. 46%	51. 54%	48. 39%	51. 61%
负的未预期盈余	38. 95%	61. 05%	37. 49%	62. 51%

表6.1 的数据很清楚地反映了未预期盈余带来反向的回报是很常见的。例如，在 3 天时间窗口中，39.45% 的正未预期盈余带来负的回报，而 38.95% 的负未预期盈余伴随着正的回报。在 21 天时间窗口中，40.82% 的正未预期盈余带来了负的回报，而 37.49% 的负未预期盈余伴随着正的回报。这个发现很重要，它暗含着即使您能很好地预测未预期盈余，您也可能蒙受很大的投资损失，因为市场做出反向反应是如此频繁。

一项由 Kinney，Burgstahler 和 Martin （2002） 进行的研究选用了不同的样本和研究设计得到了相似的结论。他们选取了1992—1997 年超过 22 000 家公司的实际盈利和预测盈利。[①]作者发现，平均来说，正的未预期盈余是好消息，而负的未预期盈余是坏消息，这不足为奇。然而，在他们所有的按未预期盈余排名的证券投资组合中，不论正或负的未预期盈余有多大，许多公司盈利公告的回报都与未预期盈余的方向相反。在

---

① 　作者用实际盈利减去此前的盈利预测再除以股价来测量未预期盈余，他们对未预期盈余排名并将 500 份未预期盈余样本组成了几种组合。与盈利公告有关的回报用 22 天经过调整的回报来衡量。

所有正的未预期盈余的投资组合中，各公司得到正回报的最大比例是62%，远小于许多人猜测的100%。在所有的负未预期盈余的投资组合中，各公司得到负回报的情况最多只有58%。因此，即使投资者已知未预期盈余的正负，他也有至少38%的概率（对正的未预期盈余而言）和42%的概率（对负的未预期盈余而言）会赔钱。而且，作者发现，随着未预期盈余的显著增加，市场反应越来越强烈。然而，当未预期盈余不断变大时，市场对未预期盈余的反应却趋于平缓，未预期盈余已经很大时，未预期盈余的进一步增加对市场反应而言几乎没有影响。例如，相对于0.05美元的正的未预期盈余，0.1美元的未预期盈余会使公司的股价上涨更多，但2美元的未预期盈余也许就不会比1.5美元更起作用。

为什么如此多的未预期盈余都产生负的回报？对此，这里有（至少有）两个解释。首先，我们计算的未预期盈余不是"真"的未预期盈余。正如我们在第3章"未预期盈余：定义与计量"中讨论的，实际盈利和预测盈利都无法被直接观察。如果我们选用的替代变量有瑕疵（事实上肯定有），则我们计算的未预期盈余就会偏离真实的未预期盈余。这意味着我们（还有《华尔街日报》、《金融时报》等）所认为的正的未预期盈余实际上是负的。我们真的没有技术或知识来准确测量未预期盈余的方向和大小。第二个解释与我们在第2章"盈利公告：为何如此重要"中讨论的盈利公告的实际内容相关：公司的管理人员倾向于披露实际盈利以及其他信息。所以当宣告负的未预期盈余时，一些其他的好消息（如新的节约成本计划）会随之被披露。如果公告中所包含的其他信息比未预期盈余更有价值或更占优势，则将产生与未预期盈余反向的市场反应。我们在第 1 章"导论"中介绍的 Research in Motion 公司（纳斯达克：RIMM）就是一个很好的例子。该公司虽然宣告了正的未预期盈余，但它的收入前景低于分析师的预期。比起当前正的未预期盈余，市场更为看重未来的收入情况，这就导致市场对正未预期盈余产生了很大的、消极的股价反应。

不论原因如何，结论就是许多未预期盈余与反向回报有联系，就未预期盈余的市场反应方向（看涨或看跌）下赌注是非常有风险的。

6.2　各时期的经验证据

我们已经记录了不同的未预期盈余的反向反应，接下来我们就来看一看 1984—2009 年各年的未预期盈余的回报分布是如何随着时间而变化的。就像我们在前面章节所做的那样，这项检验主要是为了测试这些年来市场对未预期盈余的反应是否减弱。

图 6.3 显示的是 3 天时窗的回报。为了避免图片过于拥挤，我们仅画出四分之一分位点和四分之三分位点的回报。图 6.3 给出了我们观察的样本总体在 26 年间每一年的情况。具体来讲，不论未预期盈余的方向如何，四分之三分位点的回报总是积极的，而四分之一分位点的回报总是消极的。例如，即使对于负的未预期盈余，四分之三分位点上的回报也总是积极的市场反应。我们的分析显示 2006 年未预期盈余接近负数，但即使是在这一年，四分之三分位点的负未预期盈余的超额回报也接近 1%。2006 年之后，负的未预期盈余的回报实际上开始增长，正的未预期盈余也具有相似的规律。这里，我们考虑

四分之一分位点正的未预期盈余的超额回报，它们总是消极的。在 2000 年和 2009 年这两个十分异常的年份里，正的未预期盈余面临超过-3%的调整市场反应。总之，没有证据表明这种反向反应会随着时间而逐渐消失，甚至当我们不考虑反向市场反应而仅考虑一般的市场反应时，证据表明市场反应有增强的趋势。在过去的 2 年里（2008 年和 2009 年），四分之三分位点的回报要比前些年多很多，而四分之一分位点的回报则比前些年少很多。当然，由金融危机等事件引发的市场的剧烈波动也进一步导致了这一现象。

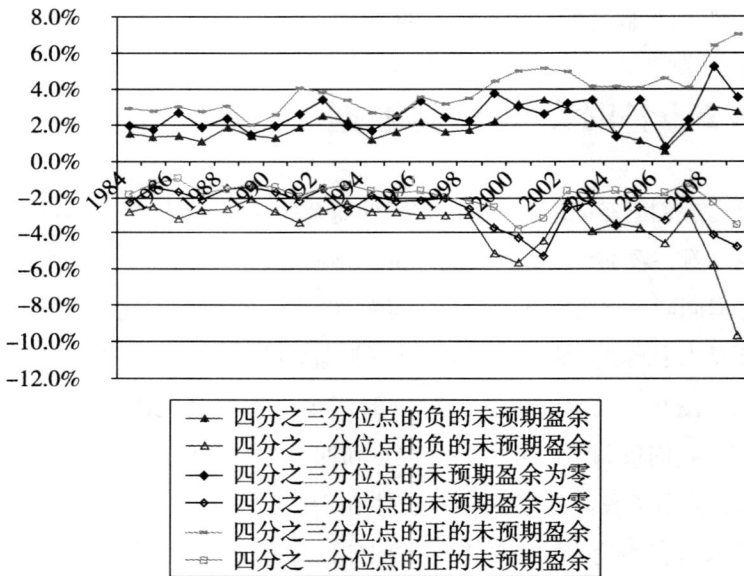

图 6.3　3 天时窗未预期盈余的超额市场反应

最后，当我们考虑一个更长的 21 天时窗时，图 6.4 也显示了相似的证据。与之前的 3 天时窗一样，扩展窗口下我们计算出的回报只是放大了 3 天时窗中的现象，所谈论的市场回报不是介于2% ~6%之间，而是介于5% ~10%之间。反向的市场反应是经常发生的，并没有将消失的迹象。另外，我们找到了充分的理由证明总体的市场反应正变得更加强烈，而非有所减弱。

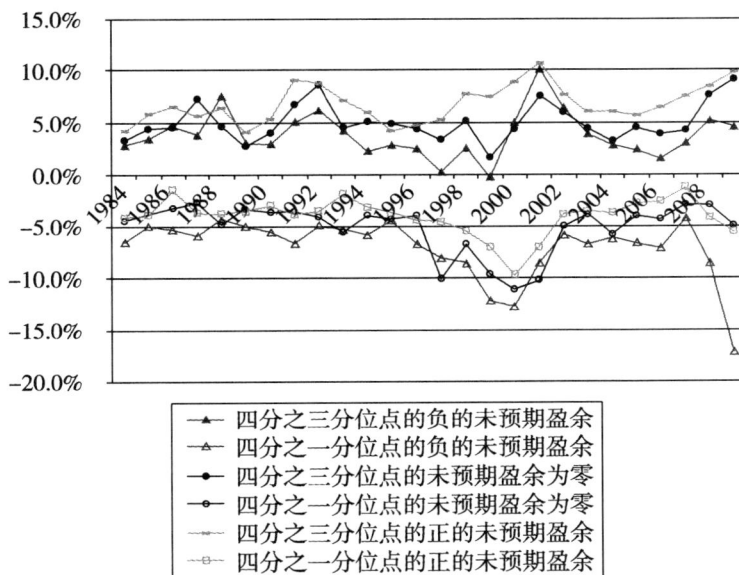

图 6.4 21 天时窗未预期盈余的超额市场反应

掘金： 从公司盈利信息揭秘期权投资

Trading on Corporate Earnings News: Profiting from Targeted, Short-term Options Positions

第四部分　执行：期权交易策略

第三部分展示了市场对盈利公告和未预期盈余有怎样的反应。我们讨论了与典型的交易日相比，这些市场反应有多强烈。我们也展示了市场反应与未预期盈余方向相反多得令人吃惊。第四部分将讨论几种从以期权为基础的交易策略中获利的方法，这些策略引出许多实证经验规律。我们的目的是使这些策略适用于盈利公告发布前后的短期交易窗口。

第7章介绍有期权的上市公司的特性和在盈利公告发布前后的期权行为。第8章讨论在执行交易前的许多实际考虑。第9章列举方向性期权交易的例子，包括买进看涨期权和看跌期权，进行牛市看涨期权套利和熊市看跌期权套利。第10章是我们利用期权市场反向反应背后的不确定性进行交易的主要章节，列举了长期跨式和勒式交易、铁蝶式和铁鹰式交易的例子。第11章介绍了空头跨式和勒式期权。

期权公司的一般特征与盈利公告发布前后的期权行为

在我们开始讨论具体的期权交易种类之前，让我们先来看一下总体情况。我们将集中讲述期权交易的一般现象，以及有期权在芝加哥期权交易理事会（CBOE）上市的公司的一般特征（与那些没有期权上市的公司相比）。这种讨论为您提供了一种强有力的经济直觉，使您了解您认为理所当然的交易环境。

7.1 发行期权与不发行期权的公司的性质对比

不是所有的上市公司都有期权上市交易，顾名思义，在我们的期权交易策略中，我们只关心那些有期权可供交易的公司。那么，如果没有期权就不能交易，区别这两者还有什么意

义呢？对于期权交易者来说，了解发行期权公司与不发行期权
公司的显著不同仍然是很重要的。这会有助于您理解期权公司
交易中更微妙的东西。对于那些正考虑投身于期权交易的股票
交易者来说，这里列出了您需要注意的典型特征，所以它特别
有用。

首先，我们早就知道期权公司规模更大、资本流动性
更高。Ho（1993）研究了所有的上市公司，他发
现与非期权公司相比，期权公司资本更雄厚、机构投资者持股
比例更高、分析师推荐度更高、交易量更大，并有更多关于它
们的新闻报道。这些特征显示与较小的、不出名的非期权公司
相比，期权公司的信息传播得更远、更深、更宽，它们正是在
这样的环境下经营。金融分析师将极其细微的信息传播到市场
中，数以千计的老练的机构投资者会挖掘这些信息，所以即使
是期权公司的私有信息也会更好地反映在股价上。[①]

7.2　盈利公告和发行期权与不发行期权的公司

自 1996 年以来，在盈利公告发布前后进行的期权交易的
数量一直在稳步增长（Roll，Schwartz 和 Subrahmanyam，
2009）。在开始介绍具体交易策略前，我们应该大体了解，在
盈利公告发布前后进行的期权交易。

期权公司的股价中包含了大量信息，这是合理的，这正是
Amin 和 Lee（1997）的一项研究得到的结论。他们发现在盈

[①]　公司信息的丰富与不透明将在第 15 章"其他理论与证据"中进行进一步
讨论。

利公告发布期间和无盈利公告发布期间，期权公司基本上总是有较好的信息反应。Jennings 和 Starks（1986）的另一项研究发现了与之一致的证据，即期权公司因盈利信息（公告发布后不久）做出的价格调整要比非期权公司快。这个讨论实际上意味着，您作为一个拥有较少资源的个体投资者，不可能比整个市场或者老练的机构投资者更有信息优势。这给您的以期权为基础的交易策略以很大启示，这些我们将稍后讨论（例如，您不能总是发现定价偏差）。

          ——▶ 些研究从期权价格角度考虑了这个问题。具体来说，Ho（1993）发现，对于期权公司来说，甚至是在盈利公告发布前，50% 与盈利相关的信息反映在公司股价中。这在一定程度上是确定的，因为盈利信息也许会提早泄露。然而，这也表明即使没有信息泄露，老练的机构投资者在盈利公告发布前就准确地预测了盈利，与无期权上市或交易的公司不同。记住，不发行期权的公司的股票一般都是没有多少人注意的小盘股。Ho 发现，非期权公司在盈利公告发布前，仅有 30% 的信息体现在股价中。这样大的差别（50% 与30%）说明想要获得期权公司的信息优势更难。实际上，一些研究探究了这个问题。例如，Mendenhall 和 Fehrs（1999）与 Kim 和 Lee（2006）的研究表明，如果您是一位消息灵通的交易者，拥有公众不知道的宝贵信息……那么您去哪里获得最大利益呢？对，去期权市场。① 这些研究发现市场对于期权公

---

    ① 消息灵通的交易者试图通过期权而不是股票交易来利用信息优势，这使人们不禁要问，到底是股票还是期权处于领导地位。也就是说，期权价格是否可以让您预见到股票价格的未来走势？还是情况相反呢？近几年的许多研究（包括Easley et al. ，1998；Chakravarty et al. ，2004；Chan et al. ，2002）表明，期权的指令流引导了股票的指令流。这表明关注期权的买卖价差或报价，会使您洞察股票价格的走势。Pan 和 Poteshman（2006）发现，新近交易的卖出与买入期权的比率能提前一周预示股价的变动。这种预测对于相对较小的公司效果更明显。

司盈利信息的反应更强烈，这是因为消息灵通的交易者会利用杠杆效应最大限度地利用信息。许多投资网站和博客会告诉读者近来哪些公司正启动大规模的期权交易。如果一个投资者肯花钱进行这样的大规模交易，也许就是因为他或她知道了我们所不知道的信息。

7.3　盈利公告发布前和盈利公告发布期间的期权价格

让我们来谈谈盈利公告发布前的这段时间——盈利预告期。在盈利预告期间，知情者利用他们的优质信息进行期权交易。Amin 和 Lee 在 1997 年的研究证实了这一论断。他们发现在实现正的未预期盈余前，启动了更多的多头看涨期权和空头看跌期权。同样，在实现负的未预期盈余前，启动了较多的多头看跌期权和空头看涨期权。虽然我们无法确知这些方向性期权交易能否获利（因为我们在第 6 章 "市场对未预期盈余的反应（充满了意外）" 中讨论了反向反应），但期权能在盈利信息发布前预测盈利信息的性质。这与 Ho 在 1993 年的发现一致，有多达 50% 的信息在盈利公告发布前就反映在股价中。Roll，Schwartz 和 Subrahmanyam（2009）也发现，这种影响对有相对较多的分析师和较高的机构投资者持股比例的公司来说更大。通常，正是由于这些大庄家的存在，才使得交易获利更难——至少对于看涨或看跌期权来说是这样。

30 多年前，当 Patell 和 Wolfson（1979）的研究发表时，我们也知道了在盈利公告发布前，期权潜在的波动性有增强的趋势。这是因为紧张的人在狂热地期盼信息时会情绪失控。平均来说，潜在的波动性要比已发生的/历史性的波动性高。但这种差别在盈利公告发布前会更明显。Donders，Kouwenberg和 Vorst（2000）发现在盈利预告期间，有公开利息和交易量的期权的波动性也会增加。并且在盈利预告期间，期权交易量越大，对价格的预期也就越强烈（Corrado 和 Truong（2009）的研究也证实了这个论断）。总之，这些研究表明在盈利预告期间会发生诸多事情，这并不奇怪，因为发布盈利公告是上市公司最重要和最常见的事情。

最后，在盈利预告期间发生的事情预示着盈利公告发布期间事情将会怎样演进。Roll，Schwartz 和 Subrahmanyam（2009）的另一个发现是，在盈利预告期间实现的交易量越多，会导致由于市场对盈利公告本身做出反应而使交易量越少。这有道理，因为在盈利预告期间期权价格反映的信息越多，实际盈余公告发布时得以反映的信息就越少。毕竟，能够反映的信息只有那么多。他们还发现，如果期权交易量在公告发布时很多（例如在公告日），则期权价格的变化也会很大。也就是说，更大的交易量与更大的价格波动幅度有关（与在盈利预告期间的交易量无关）。

第 8 章

执行交易前的实际考虑

在 我们开始介绍您可以投资（启动）的期权交易前，我们需要讨论一些您必须首先考虑的实际问题。我们在前言中讨论了期权交易简单方法背后的观念。过度复杂的期权交易（或过度复杂的分析）不一定会带来高额回报。然而，您仍需要考虑交易的基本面，本章我们就来谈这些方面。

8.1 盈利公告日程

若想在盈利公告发布前后进行交易，首先您必须知道公司盈利公告的预约披露时间。您可以通过一些渠道获得这个信息。最常用的是《华尔街日报》的盈利公告日程，您可以在 http：//online. wsj. com/mdc/public/page/markets_calendar. html 找到（《华尔街日报》从 Thomson Reuters 那里获得盈利公告日期，Thomson Reuters 是相关盈利数据的主要提供渠道）。在这个盈利公告日程网页上，您能找到宣告盈利的日期（主要是盈利公告发布的日期）和公司电话会议的日期，分为确认日期与预计日期。确认日期是指已向公司确认的日期；预计日期尚未得到公司确认，但根据以往关于每个公司盈利公告的历史信息，《华尔街日报》已对其做出估计。您可以在日程上点击任何日期（天或周），并向前滚动至将来任意月份（您也可以向回滚动到过去的任意合理月份）。最后，如果要找某家特定公司的盈利公告日，您可以用公司名或股票代码进行搜索。

8.2　准备好做市场反应的预测了吗？

在您确定了公司和盈利公告日之后，您也许（注意：是也许）不得不对您所期望的盈利公告是怎样的做出职业判断。公司将宣告正的还是负的未预期盈余？即使给出了我们在第 6 章 "市场对未预期盈余的反应" 已经讨论过的证据（总是出人意料），您仍然必须对未预期盈余的市场反应做一个单独的评估。正如前面提到的那样，未预期盈余与市场反应的方向不总是一致。事实上，大约在 40% 的情况下，它们是相反的，那么您对这种市场反应（而不是未预期盈余）的预测将是决定期权交易类型的主要因素。

许多因素会影响对市场反应的预测。它取决于您对前一财务季度公司业绩的评估以及这样的业绩对即将公布的盈利公告有怎样的影响，它也取决于最终的盈利业绩与此前的预计和市场反应相比是怎样的。正如第 3 章和第 4 章讨论的那样，这不是事先就能知道的、很容易的问题。记住，有许多精明的金融分析师，他们为大型投资机构工作，拥有大量资源（技术与人力）并且运用复杂的分析模型，但仍然不能准确预测盈利。

因为这是很困难的，需要进行缜密的基础性分析（不在本书讨论的范围之内）。即使您准确预测了未预期盈余，您对市场反应的预测也会进一步依赖公司在盈利公告发布期间透露的其他信息，包括对未来季度业绩的预测。管理层的预测和您的预测一样，也会受到客观地评估公司运营环境、行业和宏观经济等因素的影响。重要的是，对市场在公告发布期间的整体看法也会对预测产生影响。[①] 结果，许多因素影响着对市场反应的最终判断。如果您知道这个由来已久的问题的答案，您早就发财了。第 4 章和第 6 章讨论了预测市场反应的一些问题。根据您下了多少工夫，以及您在盈利公告发布前后对市场反应的预测有多自信，您就会根据预测决定启动什么样的买入或卖出期权。在接下来的章节，我们将用大量篇幅来讲述，当很难预测市场反应时，什么是最好的期权交易。

8.3　选择恰当的行权价

应该启动平价期权合约。如果您因股价不稳定而做不到的话，就尽量选择最接近平价的溢价或折价期权。选择折价期权或溢价期权各有利弊。我们这里不进行详细讨论，因为很多书都涉及这个问题。平价期权的 delta 值接近 1，这就是期权价格波动比股票价格波动更容易引起反应的原因之所在。选择行权价就是在高 delta 值和不用花太多钱之间寻求一个平衡。溢价期权比折价期权贵，以百分比回报来说，如果基于盈利公告的股价波动足以接近折价期权行权价的话，选择折价期权比溢价期权获利更多。然而，获得这种更高回报

---

① 要想知道投资者的看法怎样影响市场反应的，就去看 Shon 和 Zhou（2009）的研究。

的可能性比较低。

8.4 选择恰当的到期日

应选择最接近到期日的期权合约，因为这样的期权合约有最高的 delta 值。这非常重要，因为本书讨论的所有策略都是短期策略。它们在盈利公告发布前几天开始起作用，在发布之后的一两天失效。然而，如果盈利公告日接近期权到期日，就要在下个月开始交易。当期权合约过于接近到期日时，期权价值随着时间衰减的现象会比往常更明显，会使期权价值损失很多。这最终会抑制您所期望的大幅度的股价波动（对于空头期权，您正需要这种时间衰减，我们在第 11 章"空头跨式和勒式期权策略"中讨论这个问题）。如果您认为这是一种合理的策略，选择一个较远的到期日，可以赋予您在盈利公告发布之后继续交易的灵活性。不论怎样，要想在盈利公告发布前后交易，就不要选择远期的合约，因为这些合约对盈利信息不敏感，它们的流动性也不强，因而使交易费用增多。我们接下来会进一步讨论这个问题。

8.5 交易量的作用

期权合约的交易量水平不仅对交易的获利能力有影响，甚至对交易能否被执行都有重要的影响。在具体讨论前，我们先用几分钟时间来讲一下理论。Landsman 和 Maydew（2002）的一项研究表明，股票的交易量（同波动率一样）在盈利公告发布期间激增。这种交易量的激增在过去几年中呈上升趋势（Beaver（1968）记录了 30 余年的数据，得出类似的证据）。总体上看，这是个好消息，因为这进一步证实了我们的理论，盈利公告对于交易来说是极好的信息。特别对于期权合约的交易量来说，Corrado 和 Truong（2009）发现，期权合约交易量发生了很大的变化。具体来说，他们发现在典型的 3 日盈利公告期间，整整 37% 的上市期权只达成了不到 100 份交易合约，平均一天 33 个交易合约，这意味着几乎就没怎么交易。事实上，对于像微软这样的大盘股，许多合约几天甚至几个星期都没交易过。这通常发生在严重折价的折价期权上。他们还发现在盈利公告发布期间，仅有 19% 的期权有超过 2 000 份的交易合约。这些期权合约的流动性最高，有助于减少交易摩擦。Corrado 和 Truong（2009）发现交易量也是一个很好的替代变量，可以用于衡量消息灵通的交易者能否有效地运用其私有的、优质信息。因此，期权市场在市场定价（新的信息反映在价格中，以发现新的内在价值）中起到举足轻重的作用，但仅仅在期权量足够大时才成立（Chakravarty，Gulen 和 Mayhew（2004）得出了类似的结论）。Pan 和 Poteshman（2006）的研究发现，新启动的期权卖出量与买入量的比率能够提前一周预测股价的波动，对相对较小的公司而言这种预测更有效果。一般而言，证据显示期权价格比股票价格反映新信息的速度更快、效率更高，但这仅在适当的环境中成立。[①] 例如，Admati 和 Pfleiderer（1988）发现，在交易较少的期权市场中，消息灵通的交易者无法充分发掘信息优势。买卖价差很大，以至于掩盖了交易者所拥有的信息优势。

---

① Cao，Chen 和 Griffin（2005）发现，期权交易量预示了公司收购前后的利润情况。

总之，证据显示交易较少的市场的交易风险相对更高。从现实的观点来看，您应该在进行的交易合约平均一天少于 50 份时倍加小心。拇指规则总有一些特例，所以要谨慎使用。但是这样交易较少的市场几乎不可能持续盈利，特别是对执行短期交易来说。我们已经讨论了期权市场有效定价的问题。简单来讲，我们相信大多数期权都已被有效定价。即使期权被错误定价，个人投资者也终不敌大人物，我们不可能总会发现错误定价的期权。从现实观点来看，这是个好消息，因为它使您能够考查交易的时机，而不用花费精力去发现小的错误定价。毕竟如果一切都被有效定价，您就只需要作出基于股票信息反应的预测，以此寻找好的交易时机。当期权合约的交易较少时，有效定价会给出重要警告。在这样的市场中，错误定价是泛滥的、很常见的。这主要是因为买价与卖价之间存在巨大价差（我们接下来会讨论）。另外，交易频繁的期权合约有数以千计的交易量，在这样的市场中，无需担心错误定价。

Advanced Micro Deviced 公司（纽交所：AMD）是一个能够说明交易量的典型例子。2010 年 8 月 19 日其收盘价为 6.42 美元。我们来看 9 月到期的期权合约（因为 8 月到期的期权合约只有 1 天就到期了）。看一下行权价为 6 美元的最近溢价看涨期权的交易量，它一天的交易量为 173 份期权合约。这对于期权合约来说，是一个正常的数量。7 美元的行权价会有 740 份期权合约，这是一个交易较频繁市场。对于 9 美元的行权价，日交易量为 0。买卖价差除以价格的百分比随着交易量的减少而增大。我们接下来讨论买卖价差的问题。

8.6 买卖价差

交易量的概念会自然地与买卖价差联系起来。买卖价差表示一方意愿的买价与另一方意愿的卖价之差。例如，对于 AMD 公司 9 月到期的 6 美元行权价的买入期权来说，买价为 0.61 美元，卖价为 0.63 美元，两者之差 0.02 美元便是买卖价差。价差除以买价与卖价平均数的百分比为 3.2%。这并不糟糕。

虽然交易量是一种重要的度量，但最终不是交易量而是买卖价差对盈利产生影响。问题是买卖价差与交易量高度反向相关，交易量高时，买卖价差低，反之亦然。但不论如何，买卖价差决定了进入与退出价格，而不是交易量。在交易较少的期权市场，特别是在远期或折价期权的合约中，买卖价差特别大，使一项交易能够赚钱的可能性变得非常小。这更适用于您的必须与两方价差抗争的短期交易，即在启动交易时和结束交易时。Admati 和 Pfleiderer（1988）发现，在交易较少的期权市场，消息灵通的交易者不能充分发掘信息优势，这是因为买卖价差太大。

这本书的大多数例子都是大盘股公司，这些公司会谨慎选择近期平价（或非常接近平价的溢价或折价）期权合约，一般是那些在 CBOE 上市的、流动性最强的期权合约。这意味着它们的买卖价差比较小。例如，2010 年 8 月 13 日，美国银行（纽交所：BAC）的收盘价为 13.23 美元。当天，8 月到期的 13 美元行权价的看涨期权的买价为 0.37 美元，卖价为 0.39 美元，买卖价差为 0.02 美元。虽然买卖价差占价格的 5.3%，但这个价差已经是比较正常的了（把价差看得高或者看得低因人而异）。8 月到期的 14 美元行权价的看涨期权的买价为 0.04 美元，卖价为 0.05 美元，买卖价差为 0.01 美元。这 0.01 美元的价差是目前最好的情况，但是要注意，它占价格的百分比比重很大。无论如何，在这种情形下，价差都是可控的。

然而，小盘股的期权交易量会相当小，这为我们进行这样的期权交易提供了机会——就其价格没有反映所有与其价值相关的信息的期权进行交易。不过，较大的买卖价差会提高我们的交易成本。例如，西安市西蓝天然气股份有限公司（纳斯达克：CHNG），为小盘股的中国能源公司。2010 年 8 月 13 日，CHNG 收盘价为 6.64 美元。它的 8 月到期的 5 美元行权价的溢价看涨期权的买价为 1.50 美元、卖价为 1.75 美元，买卖价差为 0.25 美元，占价格的 15%。同样的，8 月到期的 7.50 美元行权价的溢价看跌期权的买价为 0.80 美元、卖价为 1.05 美元，买卖价差还是 0.25 美元，这次却占价格的 27%。这些买卖价差较大，使得短期交易持续盈利变得很难。这个问题有两方面，一是在最不利的价格点进入交易，如果启动一个长仓，您就不得不以卖出价买入期权。另一个问题是，您肯定不会在最不利的价格点退出交易，如果您几天后退出交易，您就不得不以买入价卖出期权。这意味着，为了使交易获利，股价必须要有大的波动从而导致期权价格有大的波动，以弥补由大的买卖价差引起的不利进入与退出时机所带来的成本。进行一个跨式套利（第 10 章和第 11 章将讨论）仅是雪上加霜，因为它要求必须买卖两份单独的期权合约（看跌与看涨期权）。一定要注意买卖价差。

在实践中，有时可以用买价与卖价的中间价的限价订单进入交易。例如，美国银行的例子中，买价为 0.37 美元、卖价为 0.39 美元，您可以以限价 0.38 美元探探风头。交易也许会在限价上很快得到执行，或者等上几分钟之后被执行，又或者根本就不会被执行（在交易较少的市场，中间价限价订单要等上好几小时或好几天，有兴趣的人才会问津）。显然，您在进行限价交易时应该考虑这些不同的可能性。"分文必争"很重要，但是也要知道，有时因为太小气而不愿以卖价进入交易就会错失这个盈利的机会。当然，相反的情况也会发生。因为小气错失交易，然后发现交易在任何时候都与您的想法背道而驰。这种情况下，您很庆幸，幸亏限价交易没被执行。

选择一个相对强势的限价订单价格，也许是比买价多一个价位。如果交易不执行，仅仅将价格调到另一方更能接受的程度。这种策略有一些优点。首先，特别是对于流动性相对较弱的期权合约来说，有时出价与要价已经过时，其代表的是几小时甚至是几天前或者更早的订单（Easley，O'Hara 和 Srinivas（1998）Chakravarty，Gulen 和 Mayhew（2004）的研究已经考查了这种过时定价的问题）。如果是这样的话，您有时要进入一个立即执行的订单，因为潜在的股票价格变化会导致限价被一些最不赞成这一限价的人贪婪地吞噬。其次，当强势价格的订单得不到执行时，改变订单不会增加额外交易费用。然而，这种策略的一个缺点是，在迅速变化的市场中，您可能会发现订单因下得太慢而没能实现，因为股价变动之迅速已超出了您的预期。这样的情况下，您也许会后知后觉地发现，如果您仅仅进入了一个市场订单，您或许已经实现了这个订单（在当时一个比较差的价格上），但是市场随后会向对您有利的方向发展以弥补差的价格。因此，每一种方法都有您必须在执行交易前考虑的优点与缺点。

最后值得一提的是，全部完成或放弃买卖盘。当您选择一个强势的限价订单价格时，这些订单更难被满足。这是因为交易的另一方必须愿意接受您的整个订单而不是部分订单。因此，全部完成或放弃买卖盘可以保证对所有订单都合适的价格，但是它不保证交易肯定发生。另外，常规订单增加了在进入价格上至少部分满足订单的几率。但是，您会面临不是全部订单都会得到满足的风险，最终导致您所期望的合约的一部分花费了全部的交易成本。

8.7 潜在波动率与波动率瓦解

这一部分简单讨论与潜在波动率有关的核心问题。进一步拓展的话，关于这些问题更深层次的处理，我们推荐 Jeff Augen 的一本好书《期权交易的不稳定边缘》。

以 Black 和 Scholes（1973）的经典研究为先驱的期权定价理论，告诉我们期权价值由诸多因素决定，其中包括股票的现价和波动率、期权的行权价、到期日和现在的无风险利率。所有这些因素中，股票的波动率最依赖判断与估计。设想一下，我们从股票价格的一个历史时间序列计算出股票价格波动率，以此为基础来计算期权的理论价格。这样计算得到的价格也许会与期权的实际交易价格大不相同。如果我们已知实际的期权价格，则能用数学推回（或反向推导）期权价格中潜在的波动率。这种波动率可以被称为期权潜在波动率。

评价期权是相对便宜还是昂贵，要比较股票的历史波动率和潜在波动率（来自期权价格）。潜在波动率通常比历史波动率要大。即使在期权定价理论正式形成之前，甚至在期权正式上市交易前，情况基本上就是这样了（Mixon（2009）的研究考查了期权定价模型建立之前和 CBOE 成立之前的期权价格①）。这是因为期权的卖方会从非常例外的、黑天鹅模式的事件中寻求保护。虽然平均起来波动率差异是极小的，但它也会使期权的买方处于不利地位，因为这意味着期权价格比历史波动率决定的理论价格要高。因此，当期权的潜在波动率要比股票的历史波动率高很多时，期权买方要想从交易中获利就更难了。另外，当潜在波动率比历史波动率低时，期权买方更可能获利（所有这些对期权卖方正好相反）。

通常潜在波动率在即将发布盈利公告（或者任何一个高度可预期的事件）时增加。这意味着在其他条件都一样的情况下，恰好在发布盈利公告之前启动多头期权（必然存在波动率），是以一个相对较高的价格购买的。或者，如果多头期权启动得更早，买方可能从增加的潜在波动率中获取额外的利益，甚至都不必等到宣告盈利。事实上，可能会有一个令人信服的观点，反对在盈利公告发布之后持有跨式和勒

---

① 在 Mixon（2009）的研究中，他考查了 19 世纪期权交易的价格，远在芝加哥期权交易理事会推行之前。他比较了过去的期权价格和如今的期权价格。过去 50 年间，期权定价理论有了极大的发展，特别是 Black 和 Scholes（1973）所做的开创性的工作。1973 年前的期权定价是种很粗略的做法，是不科学的、未经实验的、多凭感觉完成的。令人惊奇的是，Mixon（2009）发现，现在期权价格中存在的经验规律在那时就已经存在了。具体来说，他发现，与现在一样，19 世纪期权的潜在波动率一般比它们的历史波动率（已经实现的波动率）要高。他还发现，19 世纪的期权潜在波动率是序列相关的，与现在的情况很相似。在那时，股票的潜在波动率也有显著的协同性和相关性，和现在一样。最后，19 世纪的潜在波动率有偏差，现在也是这样的。总之，Mixon 发现，即使在 19 世纪没有理论，期权价格以及它怎样表现都与现在的情况相似。现在我们熟知的经验规律不仅仅来自于理论的发展，事实上，Mixon 发现使期权价格接近于理论（Black-Scholes）价值的推动因素不是引进理论本身，而是 CBOE 的出现。具体来说，潜在和历史波动率之间的差别真正开始消失（虽然不能完全消失）是在期权交易所建立之后。

式期权。这是因为平均来说，实际的盈利公告回报比潜在的期权溢价要少。另一个重要的波动率的细微差别是，潜在波动率在交易的最后几个小时趋于减小，而在交易开始的几个小时内则较高。这是因为，市场可以消化掉闭市 17.5 个小时发生的最新情况。这如果是真的，则期权买方在交易日期间行权要比在交易日结束时行权获利更多。

正如在盈利公告发布前潜在波动率会一直增加，它会在公告发布后急剧减少，这被称为波动率瓦解。波动率瓦解在至少 30 年前 Patell 和 Wolfson（1979）的一项研究中被记录过，这种现象在今天依然存在。人们希望股价的波动能够弥补这种波动率瓦解。如果这不是真的，多头期权将没那么赚钱。波动率在盈利公告发布前后增加和减少的问题对平价期权来说尤其严重，因为这样的波动率变化会对期权价值造成更大的影响。另外，折价期权受到波动率变化的影响较小，因为股价达到折价期权行权价的几率还是很小的。

8.8 例 8.1：波动率瓦解（纳斯达克：GOOG）

Google（纳斯达克：GOOG）是一个拥有约 1 500 亿美元资本的大型科技公司，它是一个强大的集团。2010 年 7 月，因互联网广告业务瞬息万变，市场密切关注和期盼 Google 的盈利报告也就不足为奇了。人们对 Google 业绩的担忧、对科技行业的担忧和对整个宏观经济的担忧正日益增强。

2010 年 7 月 15 日闭市后，Google 发布了第二季度的盈利公告。它宣告了 6.450 美元的 EPS，与普遍预测的 6.518 美元相差 0.068 美元，即相差 1.0%。结果，Google 的股票从先前的收盘价 494.02 美元暴跌到 459.61 美元，下降了 7%。期权市场反应相同。2010 年 8 月到期的 490 美元行权价的看涨期权从 22.18 美元跌到 5.10 美元，均为收盘价。同样的行权价和到期日的看跌期权在同一期间从 18.50 美元上涨到 34.80 美元。虽然 Google 的股价受到影响，但是因盈利引发的多数焦虑、期待和不确定被消除了。这种不确定的消除体现在其潜在波动率的形式上。

图 8.1 为 Google 8 月到期的 490 美元行权价的看涨和看跌期权潜在波动率的时间序列。潜在波动率在盈利公告发布前 5 天开始显现，发布后 5 天价格开始直线下降，图中用一条垂直俯冲直线表示。很明显，7 月 15 日的公告日是潜在波动率的转折点。两种期权的潜在波动率从 30% 稳步增加到 33%，增长了 10%。在公告发布后，它们的潜在波动率从 33% 急剧下滑到 23%，有 30% 的下跌。

虽然潜在波动率的水平可以更高，但这个 Google 的例子还是说明了在盈利公告发布前后潜在波动率的典型演变情况。具体来说，实证分析表明，盈利公告发布前几天的潜在波动率的逐步增加，一般要比盈利公告发布后的即刻波动率瓦解要小。这并不奇怪。市场在盈利公告发布之前的几天或几周中，逐渐聚积了焦虑与期待，而这会反映在潜在波动率的增加上。然而，盈利公告是一个明确的事件。在盈利公告发布后，如果不确定会被消除，那么也是几乎立刻就被消除了，并由此引发了波动率瓦解。

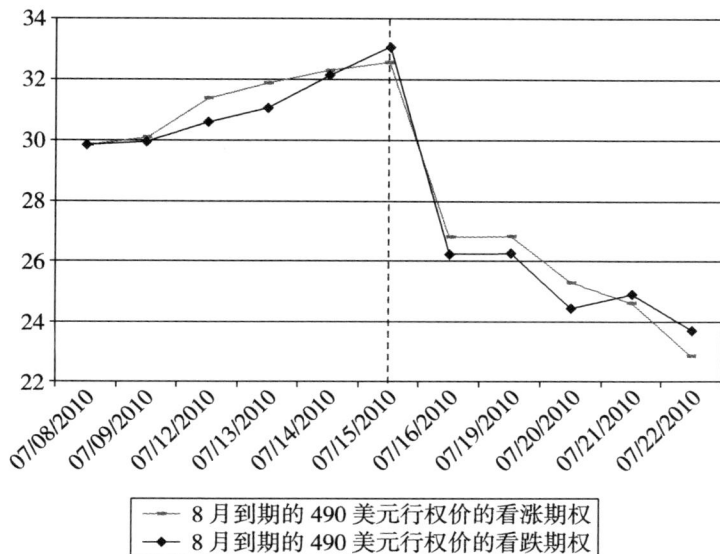

图 8.1　盈利公告发布前后 10 天中 Google（纳斯达克：GOOG）
8 月到期的 490 美元行权价的看跌和看涨期权的潜在波动率

8.9　进入和退出时点

在这本书中讨论的所有交易实例，都是大约持续 24 小时的短期交易。在每一个例子中，我们假设您是在公司发布盈利公告的前一天，接近闭市时进入交易的。因为市场至少需要几个小时去理解盈利公告，我们假设您第二天也是在接近闭市时退出交易的。我们不讨论期权价格当天每小时的波动或者进入（退出）交易的细微差别，例如，比我们选择的退出时点早或晚 2 小时。讨论这些会破坏我们主要观点的脉络。并不是说每分每秒的波动不影响交易的盈利分析，但对于我们提出的交易类型，大多数期权价格波动来自事件本身，而不是当天的波动。有一本详细探讨日交易相关问题的优秀著作是 Jeff Augen 的《日交易期权》。

虽然我们不讨论每时每刻或每分每秒的进入或退出时点偏差，但我们应该讨论以天为基础的偏差。例如，我们讨论提前一周或两周进入交易和退出交易，盈利会怎样变化（变好或变坏）。提前进入（长仓）交易的一个主要原因是，潜在波动率的增加一般发生在临近高度可预测事件（如公司的盈利公告）的几天或几周里，要利用这种潜在波动率的增加来获利。另外，反对较早进入交易的一个主要观点是，即月到期期权合约会发生显著的时间衰减。这两种不同观点的哪一种最终决定了期权定价是需要您进一步思考的？我们相信时间衰减的不利影响经常被低估，而潜在波动率的增加经常被高估，这表明平均来讲，较晚的进入时点是最能获利的决策。这就是我们建议持续 1~2 天的短期交易的主要原因。

当谈及交易的退出时点时，一个继续持有期权的主要原因是从股价在盈利发布后的几天具有的潜在动量中获利。Pan 和 Poteshman（2006）的研究发现，投资公司雇佣的操盘手往往进入利用动量或反冲动量的期权。个人投资者往往与之相反，逆动量进入交易。因此，顺应期权的短期趋势是可以赚钱的策略。然而，有两点需要注意。第一，股价波动是继续顺应动量还是会回撤或反转是很难预测的，有时想要赚更多的钱却以赔光先前赚得的钱而告终。第二，因为期权是即月合约，如果是长仓，将很难摆脱时间衰减，还会有 10 天、9 天、8 天……到期。因此，理想的动量必须足够大以胜过时间衰减。退出策略比进入策略的时间衰减更强烈，因为被建议的退出日与合约到期日更近。基于以上原因，我们再次建议您，尽量将交易时间控制在 24 小时之内。

8.10 交易费用

在所有例子中，我们都没有提及交易费用。现在，贴现票据经纪人之间的竞争已经极大地降低了交易费用，每个交易一般需花费 8 ~ 20 美元（取决于交易合约数量）。然而，我们不谈交易费用，并不意味着这不重要，事实上，它很重要。交易费用在很大程度上侵蚀着利润，一定要关心这种来来回回的交易费用怎样影响了利润表。根据交易数量，一个季度内您很有可能逐渐花费数千美元的交易费用。

第 9 章

方向上的博弈

本章我们将讨论围绕盈利公告进行的具体期权交易策略。我们假设您已经为本章要介绍的交易做好了准备，能够对您感兴趣的公司未预期盈余的市场反应（看涨或看跌）作出预测。我们会介绍一些您可以投资的基础的、方向性的期权交易和一些简单的变量。但是我们要提醒您：尽管这些交易策略容易操作，但由于它们本身简单和方向性的特点，要它们一直获利很难。您必须能正确预测股价的变动方向（和幅度），但这不是件容易的事。

9.1 例9.1：多头看涨期权（纽交所：KFT）

这部分要介绍一个利用市场对正未预期盈余的积极反应进行交易的简单例子。这就是 Kraft Foods 公司的直接看涨期权的多头头寸。这种多头看涨期权假设您认为 Kraft 的行情看涨。如果您的眼光没错，那么与直接购买股票相比，多头看涨期权会带来很高的潜在回报率。然而，即使你预测错误，多头看涨期权也不像买股票一样有杠杆效应，它会将您的损失控制在初始投资以内，也就是您购买期权头寸的权利金。从风险回报的角度来看，多头看涨期权发挥了潜在的获利能力并抑制了风险。

Kraft Foods 公司（纽交所：KFT）是一家在 70 多个国家经营的跨国食品公司。它生产并销售包装食品，如点心、饮料、快餐。沃伦·巴菲特长期持有 Kraft 的股票，因为他相信 Kraft 公司有长期盈利的能力。2010 年 8 月 6 日，Kraft 公司发布了第二季度的盈利公告。8 月 5 日，也就是发布盈利公告的前一天，Kraft 股票的收盘价是 29.66 美元（见图 9.1）。这时候，分析师们普遍预测每股收益是 0.52 美元。在发布盈利公告前的两周，Kraft 股票的成交价一直介于 29 ~ 30 美元之间。如果我们认为 Kraft Foods 的股票行情看涨，并且相信 Kraft 宣告的盈利会超过分析师们的一致预测，我们就可以执行多头看涨期权策略。在盈利公告发布的前一天，我们可以购买 8 月到期的 30 美元行权价的期权，购买价格为 0.41 美元。在盈利公告发布期间，期权价格低至 0.21 美元。这是一个期权价格与股票价格不一一对应的例证。具体来讲，8 月 5 日公告发布前一天，股票收盘价是 29.66 美元，与前一天的收盘价 29.75 美元相比有所下降。然而，8 月到期的 30 美元行权价期权的收盘价为 0.41 美元，高于前一天的收盘价 0.35 美元。从 0.35 美元涨到盈利公告发布前一天的 0.41 美元，不能表明期权价格随着股价的变动而变动（因为股价下跌了）。相反，它表明看涨期权所反映的潜在波动性的增加。

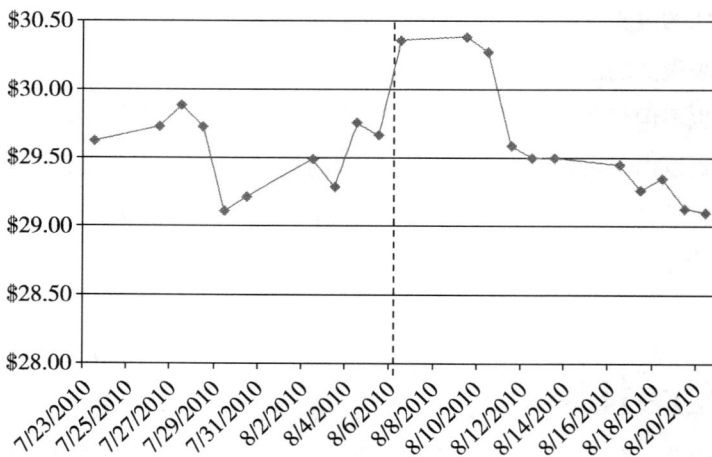

图 9.1　盈利公告发布前后 20 个交易日 Kraft Foods

（纽交所：KFT）的股价

8 月 6 日，Kraft 宣告每股收益为 0.6 美元（见图 9.2），收益增长了 13%，明显高出分析师所做的预测。然而，Kraft 对近期的增长预期介于 3% ~ 4% 之间。尽管如此，股票收盘价为 30.36 美元，上涨 2.3%。这是一个正未预期盈余带来正向市场反应的例子。在盈利消息和股价变动的影响下，第二天期权的收盘价为 0.66 美元，与我们 0.41 美元的购买价相比涨幅达 60.9%。以美元计算，如果我们购买了 50 份期权合约，购买价合计为 2 050 美元。当天结束时，期权价格已经增至 3 300 美元。

许多动量交易策略会建议您在收到好消息之后继续持有头寸。然而，在本例中，注意 Kraft 的股价只保持 3 天的增长势头就逐渐跌回盈利公告发布前的水平（见图 9.1）。即使在盈利公告发布后不久，Kraft 的股价又上涨（8 月 9 日的收盘价为 30.39 美元）的情况下，期权的价值（见图 9.2）也没能抵挡住周末的时间衰减和潜在波动性的衰减。

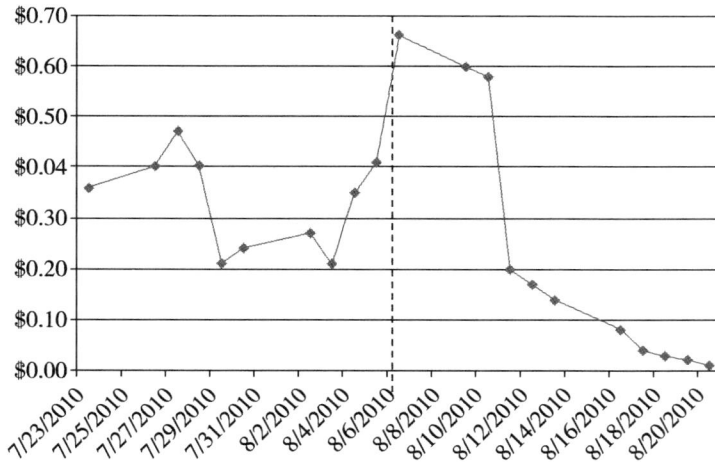

图 9.2　盈利公告发布前后 20 个交易日 KFT8 月到期 30 美元行权价期权的价格

具体来说，潜在波动性从盈利公告发布前一天的 22.68 降低到发布一天后的 18.66，降低了 17.7%。最后，注意在期权合约到期前的最后几天，期权价格一直在迅速递减。

表 9.1 总结了 Kraft 公司的获利情况。

表 9.1　　　**多头看涨期权和牛市看涨期权的获利情况（NYSE：KFT）**

	股价	8 月到期 30 美元行权价看涨期权的价格	牛市看涨期权套利价格，8 月 30 日到期看涨期权和 8 月 31 日到期看涨期权的组合
2010 年 8 月 5 日	$29.66	$0.41	$0.30
2010 年 8 月 6 日	$30.36	$0.66	$0.47
变化量	$0.70	$0.25	$0.17
变化率	2.4%	60.9%	56.7%

9.2 例 9.2：牛市看涨期权套利

如果您认为行情看涨，您也可以进行几种其他类型的期权交易。首先，牛市看涨期权套利是一种只适用于牛市的期权。它首先是买入期权，如同例 9.1 那样，然后再以高于执行价的价格卖出期权。关键是您卖出期权可以降低多头的成本，这就是好处。另外，这种期权的缺点是任何潜在的收益都会减少。最后，要注意空头的保证金需求。

在本例中，我们这样组成一套牛市看涨期权套利：我们最初以 0.41 美元的价格购买 8 月到期的 30 美元行权价的看涨期权，同时我们卖出 8 月到期的 31 美元行权价的看涨期权，收盘价为 0.11 美元。因为卖出期权会收取权利金，这将期权的总成本降低至 0.3 美元（0.41－0.11）。因此，如果 Kraft 的股价第二天要下跌，尽管 8 月到期的 30 美元行权价的多头看涨期权会减值，但 8 月到期的 31 美元行权价的空头看涨期权也会减值，因此空头看涨期权补偿了多头看涨期权的损失。但是，如果 Kraft 的股价第二天上涨（事实上是上涨的），虽然 8 月到期的 30 美元行权价的多头看涨期权会增值，8 月到期的 31 美元行权价的空头看涨期权也会增值。在本例中，我们知道 8 月到期的 30 美元行权价的多头看涨期权增值为 0.66 美元，但 8 月到期的 31 美元行权价的空头看涨期权也增值为 0.19 美元。这样，尽管我们从多头看涨期权中获得了 0.25 美元的收益（0.66－0.41），我们也从空头看涨期权中蒙受了 0.08 美元的损失（0.19－0.11）。这使得我们的总获利为 0.17 美元，由多头看涨期权的 0.25 美元收益减去空头看涨期权的 0.08 美元损失计算得来。因此，牛市看涨期权套利由于空头看涨期权降低了风险，但也缩小了获利空间。

对于研究过盈利公告回报历史模式的有经验的交易者，一个结构合理的牛市看涨期权套利实际上比多头看涨期权的回报更高。具体来说，你可以为套利的空头看涨期权一方选择一个足够高（从历史水平上看）的以至于达不到的执行价格。这种策略在盈利公告日与期权到期日非常相近时十分有用。这是因为在公告发布后，折价空头看涨期权（short out-of-the-money）由于波动率瓦解和时间价值的指数级衰减而迅速贬值。一个更加激进的交易者也许会考虑执行一个比例看涨期权策略，其中包含了更多有更高行权价的卖空看涨期权（例如，按照 3∶1 的比例），尽管这里也有潜在的、意外的大幅价格波动的警告。

最后，注意 8 月到期的 31 美元行权价的看涨期权在盈利公告发布后几日严重跌价（见图 9.3）。① 由于 8 月到期的 31 美元行权价的期权将大大折价，因而它在交易最后几天的严重跌价是必然的（和非常常见的），这使得 Kraft 的股价高于 31 美元是完全不可能的。熟练的交易者也许已经注意到了这种情况并拆散牛市看涨期权套利组合，卖出其盈利一方 8 月到期的 30 美元行权价的多头看涨期权，并继续持有 8 月到期的 31 美元行权价的空头看涨期权，因为股价下跌是必然的。然而，只保留一个单独的空头看涨期权有它自身的风险，应该小心操作（因为不再是套利）。

---

① 定价差距是特定日子的零交易量造成的。

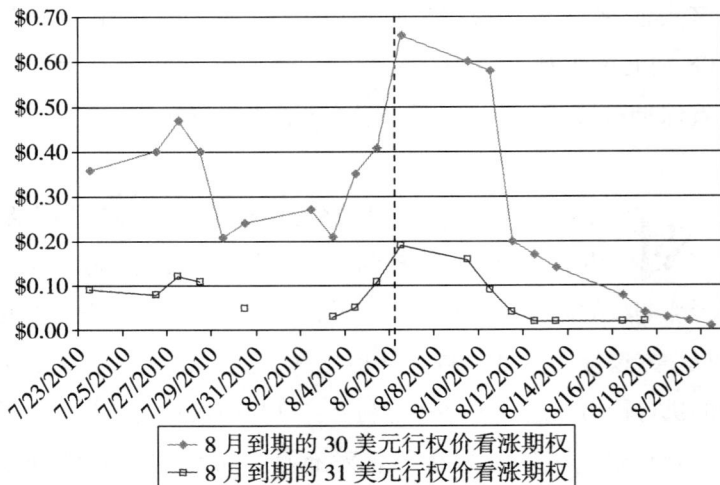

图 9.3　盈利公告发布前后 20 个交易日 KFT 8 月到期的 30 美元
行权价看涨期权和 8 月到期 31 美元行权价看涨期权的价格

9.3　例9.3：多头看跌期权（纽交所：EK）

与 Kraft Foods 的例子相似，现在我们通过一个简单的例子来看怎样利用市场对负未预期盈余的消极反应进行交易，这就是 Eastman Kodak 公司的直接多头看跌期权。这种期权假设你认为 Eastman Kodak 的行情看跌。如果您的预测是正确的，那么与直接卖出股票相比，多头看跌期权的潜在回报率会更高。然而，即使您预测失误，多头看跌期权也不会像卖空股票那样存在杠杆效应，它会将您的损失控制在初始投资以内，即购买期权时的花费。从风险回报的角度来看，多头看跌期权发挥了潜在的获利能力（直至相应的股票价值降为零）并抑制了风险。

Eastman Kodak 公司（纽交所：EK）出售成像产品，提供技术、解决方案和服务，产品有数码相机、摄像机、喷墨打印机和多媒体。2010 年 7 月 28 日，Kodak 公布了它第二季度的盈利公告。7 月 27 日，公布盈利公告的前一天，Kodak 的收盘价为 4.93 美元（见图 9.4）。这时，普遍的预测是公司的每股损失为-0.28 美元。盈利公告发布的前两周，Kodak 的股票成交价一直介于 4.3 ~ 5.06 美元之间。7 月 27 日，在这两周最高价 5.06 美元的后一天，股票价格降为 4.93 美元。如果我们要对熊市的预测采取行动，我们会购买 8 月到期的 5 美元行权价的看跌期权，买入价为 0.39 美元。与股票一样，看跌期权的价格最低点是在盈利公告发布的前一天，成交价为 0.34 美元，而两周前看跌期权的成交价曾高达 0.84 美元。

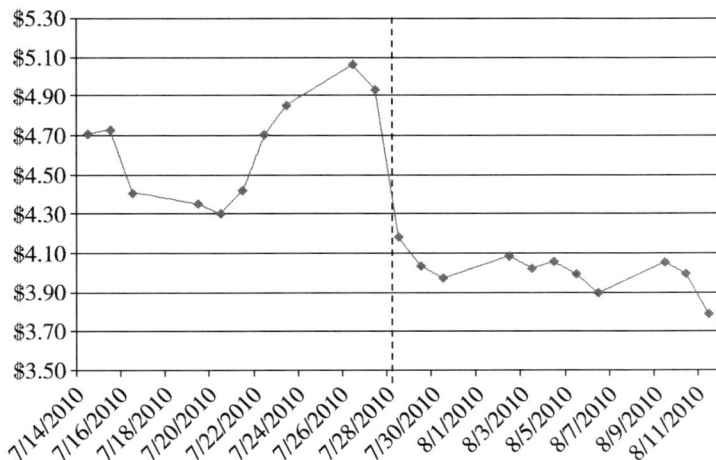

图 9.4　盈利公告发布前后 20 个交易日 Eastman Kodak
（纽交所：EK）的股价

7 月 28 日，Kodak 宣告其会计损失为每股-0.51 美元（见图 9.5）。这远远低于所预期的每股-0.28 美元。Kodak 的股价下跌，当天收于 4.18 美元，下跌了

15.2% 。这是一个负未预期盈余带来消极市场反应的例子。0.39 美元的看跌期权当天的收盘价上涨到 0.85 美元。如果花费 1 950 美元购买 50 份看跌期权合约，第二天末这些合约的价值会增长至 4 250 美元，增长了 117.9% 。

在 本例中，动量交易策略的效果相当好，因为 8 月到期的 5 美元行权价的看跌期权仍是溢价期权。随着市场继续消化盈利公告中的消极暗示，在随后的几天里消极的股价反应仍然还会继续。然而，由于缺少流动性，这时筹资是很困难的。图 9.5 中的空白代表这些天交易量为零，即没有买方或卖方达成一致价格。尽管看跌期权的价格仍在上涨，如果您想在随后几天终止交易，则买卖差价通常很大，足以消除您意想不到的大部分利润。

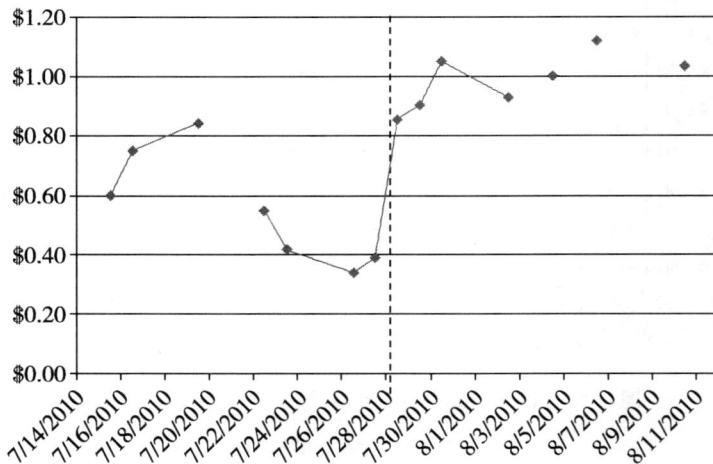

图 9.5　盈利公告前后 20 个交易日 EK 8 月到期的 5 美元行权价看跌期权的价格

表 9.2 总结了 Kodak 的获利情况。

表 9.2　　多头看跌期权和熊市看跌期权套利的
获利情况（纽交所：EK）

	股价	8 月到期 5 美元行权价多头看跌期权的价格	熊市看跌期权套利价格，8 月到期 5 美元行权价看跌期权和 8 月到期 4 美元行权价看跌期权的组合
2010 年 7 月 27 日	$ 4.93	$ 0.39	$ 0.29
2010 年 7 月 28 日	$ 4.18	$ 0.85	$ 0.70
变化量	– $ 0.75	$ 0.46	$ 0.41
变化率	–15.2%	117.9%	141.3%

9.4　例 9.4：熊市看跌期权套利

与牛市看涨期权套利很相似，我们可以为熊市看跌期权组合出一个相似的套利组合。它叫作熊市看跌期权套利，适合于熊市。首先，应该像我们在之前的例子中所做的那样买入看跌期权，然后也以一个（或多个）低于多头看跌期权的行权价卖出看跌期权。与例 9.2 中的牛市看涨期权套利很相似，卖出期权可以降低多头头寸的成本，但要以降低潜在的收益为代价。

对于 Kodak 的例子，我们这样组合一个熊市看跌期权套利：首先以 0.39 美元的价格购买 8 月到期的 5 美元行权价的看跌期权（见图 9.6），并且我们同时以收盘价 0.1 美元卖出 8 月到期的 4 美元行权价的看跌期权。由于空头看跌期权会收取权利金，这将期权头寸的总成本降至 0.29 美元（0.39 – 0.10）。如果第二天 Kodak 的股价上升，尽管 8 月到期的 5 美元行权价的多头看跌期权会跌价，8 月到期的 4 美元行权价的空头看跌期权也会减值。这样，空头看跌期权会弥补多头看跌期权的损失。然而，如果 Kodak 的股价第二天下跌（实际如此），尽管 8 月到期的 5 美元行权价的多头看跌期权会增值，空头看跌期权也会增值。在本例中，我们知道多头看跌期权上涨到 0.85 美元，而空头看跌期权也上涨到 0.15 美元。这样，尽管我们从多头看跌期权中得到了 0.46 美元的收益（0.85 - 0.39），但也承受了空头看跌期权 0.05 美元的损失（0.19 - 0.15）。从绝对值来看，这一损失与多头看跌期权的波动相比相对较小，但它仍然占价格变动的 26.3%。总之，这使得我们的总收益为 0.41 美元，这是多头看跌期权的 0.46 美元收益减去空头看跌期权的 0.05 美元损失得来的。因此，熊市看跌期权套利降低了风险。本例中，实际上有很高的上涨回报（尽管上涨回报最后由于空头看跌期权而被削减了）。很大程度上，这是因为 8 月到期的 4 美元行权价的看跌期权仍然折价，甚至会有更大的价格下跌。8 月到期的 4 美元行权价的看跌期权的 delta 值比 8 月到期的 5 美元行权价看跌期权的 delta 值（接近 1）低得多。因此，它需要股票价格在绝对值上有大幅变动（在本例中，Kodak 价格下跌幅度超过 15.2%）。

与牛市看涨期权套利相似，一个谨慎构建出的熊市看跌期权套利能比单独的多头看跌期权提供更高的回报和更低的风险。而且，这个策略的关键是选择套利的空头期权，谨慎地选择一个将来很可能达不到的行权价（以历史盈利公告对股票回报的研究为基础）使得期权仍然折价。这种策略在盈利公告日与期权到期日相近时非常有用，因为在盈利公告发布后时间价值迅速衰减，并且波动率逐渐瓦解。一个激进的交易者也可以考虑一定比率的看跌期权策略，包括卖出更

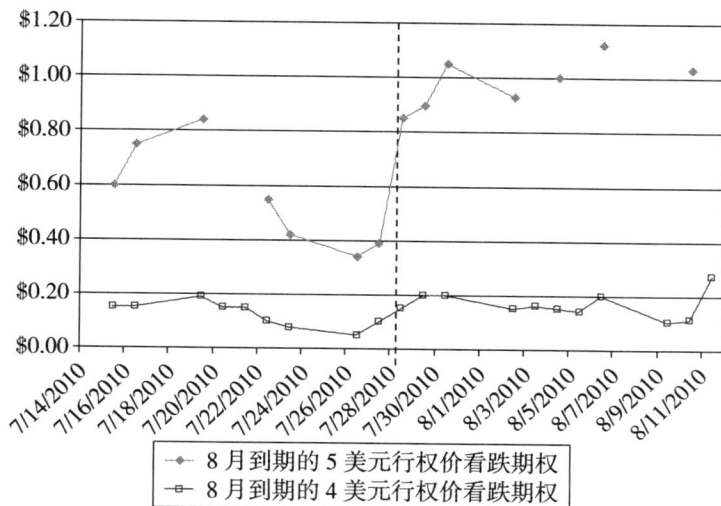

图 9.6 盈利公告前后 20 个交易日 EK 8 月到期的 5 美元
行权价看跌期权和 8 月到期的 4 美元行权价看跌期权的价格

多较低行权价的看跌期权（相对买进较低行权价的看跌期权
来说）。这种更激进的策略适用于所有的比率期权套利，其将
卖空部分看得较重：消极的股价变动幅度比根据历史情况所做
的预期更大，即黑天鹅事件。因此，恰当的风险管理对这种比
率策略而言是至关重要的。

9.5 赚钱容易么？

不，一点也不容易。正如我们提到的，我们相信方向
性的交易是很难进行的。诚然，如果方向预测正
确，获利将比采取其他策略时多。但问题是在预测市场反应方
向时，您不可能一直是对的，所以我们又回到了第 6 章"市
场对未预期盈余的反应（总是出人意料）"中讨论的问题。

例如，在 Kraft 的例子中，如果我们错误地预测 Kraft 的行情是熊市会怎样呢？与例 9.1 中多头看涨期权不同，我们会买进看跌期权。期权的价值会从公告发布前一天的 0.75 美元降至公告发布后第二天的 0.27 美元。这意味着 64.0% 的损失。类似的，如果我们错误地预测 Kodak 的行情看涨呢？我们不会像在例 9.3 中做的那样买进看跌期权，相反我们会买进看涨期权。期权价格会从公告发布前一天的 0.3 美元降至公告发布后第二天的 0.05 美元，有 83.0% 的损失。与我们在例子中展示的收益相似，这是巨大的损失（一个期权交易杠杆力量的证明）。我们会强调遭受这些损失的可能性要比预计得高。不论其他人说了什么，预测出股价的短期方向是非常困难的。

我们能够不预测股价的变动方向就从市场对未预期盈余的反应中获利吗？当然，这就是我们要在下一章跨式或勒式期权中讨论的，其是本书交易策略的核心。

第 10 章

多头跨式和勒式期权策略

我们以对"预测股价变动很难"的讨论结束了前一章，这与第 5、6 章中"预测未预期盈余的市场反应很难"的讨论一致。本章讨论预测价格方向的主要策略。方法很简单：进行不必预测方向的期权交易，本章讨论的跨式和勒式期权就满足这一要求。跨式（Straddle）和勒式期权（Strangle）是波动率策略，即寻求大的股价波动率而不关心股价的变动方向，这些跨式期权代表本书的核心策略。

10.1　跨式和勒式策略的基本原理

怎样避免不得不正确预测股价变动方向的问题呢？答案就是用跨式和勒式期权策略，它们是相当规范且常见的方法。我们并没有发明这些交易策略，而是强调它们在盈利公告前后进行交易时应用的有用性。

跨式期权需要购买同一行权价和同一到期日的看涨和看跌期权。如上一章中 Eastman Kodak 的例子，需要购买 8 月到期的 5 美元行权价的看跌期权和看涨期权，这个跨式策略很大程度上回避了不得不预测股价方向的问题，因为其实际上已经对两个方向都下了赌注。具体来说，如果股价上升，则看涨期权盈利，看跌期权损失；如果股价下跌，则看跌期权盈利，看涨期权损失。我们所需要的是交易盈利方有足够多的盈利以弥补交易损失方的损失。对我们有利的是，损失以初始买价为上限，而盈利在理论上可以没有上限地无限增长。收益结构的性质和这种双向赌注的观点意味着，跨式策略是一种波动率策略（所有的期权交易最终在某种程度上都是波动率策略）。最后，我们注意到从风险—收益的角度来看，多头跨式期权有无限的收益潜能（因为期权的一方有无限的盈利潜能）和有限的风险（最糟的情况是两方都变得毫无价值）。

跨式策略之所以对盈利公告前后的交易具有吸引力，是因为市场对盈利公告的反应非常大，以至于跨式策略在盈利公告前后比无公告期更容易获利。这些巨大的市场波动率正是我们在第 5 章和第 6 章讨论过的。回想一下，过去的 30 年里，有一半的盈利公告期回报是无公告期回报的 30 倍。您如果不能预测市场变动的方向，仍可以通过跨式期权策略获利。如果未预期盈余的市场反应不够大，则跨式期权策略将不会盈利。例如，如果一家公司发布了盈利公告而市场没有反应，股价不会变化，这种情况就会发生。在下一章中我们会讨论：如果您认为市场对盈利公告反应不大，则卖空跨式期权仍将获利（但它有其自身的显著风险）。

与跨式期权相似，勒式期权策略也需要购买一份看跌期权和一份看涨期权（同一到期日），只不过不是同一行权价。勒式交易会更便宜，因为看跌和看涨期权都可以在行权价折价时购买。例如，Eastman Kodak 这个例子中其股价是 4.93 美元，可以购买一份 8 月到期的 5 美元行权价的看涨期权和一份 8 月到期的 4 美元行权价的看跌期权。在这种情况下，由于股票的现行市价是 4.93 美元，所以看涨和看跌期权都处于折价状态（与勒式期权不同，跨式交易一般为溢价状态。例如，购买一份 8 月到期的 5 美元行权价的看涨期权和一份 8 月到期的 5 美元行权价的看跌期权，意味着看涨期权是折价期权，而看跌期权稍微溢价。有时，会以平价买入看跌和看涨期权，但这仅在股价恰好为 5 美元的特殊情况下发生）。

首先看两个例子（例 10.1 和例 10.2），它们与同一盈利公告有关，例 10.1 显示跨式期权策略的结果，例 10.2 显示勒式期权策略的结果。这两个例子的共同主题是，预测盈利信息的市场反应是相当困难的，特别是在每家公司都宣布未预期盈余方向的情况下。因此，即使您正确地预测了未预期盈余的方向，在您对这些盈利公告做方向性的赌注时也很可能冒赔钱的风险，这是第 5 章和第 6 章的主题。我们这里介绍的跨式和勒式期权策略正适合这种情况，但正如例 10.2 所示，仅当股价变动足够大时采用这些策略才会盈利。

10.2 例 10.1：多头跨式组合（纳斯达克：AKAM）

这是一个如何充分利用盈利公告期间的价格波动率来执行跨式期权交易策略的例子。Akamai Technologies（纳斯达克：AKAM）是快速在线下载软件的最大供应商。公司市值 64 亿美元，受到市场的广泛关注，其中有 22 名分析师对其保持密切关注，机构投资者持股近 90% 。2010 年 7 月 28 日，周三，公司股票交易基本平稳，临近闭市时股价为 44.03 美元（见图 1.1）。当天，公司在二级市场宣告第二季度盈利。盈利公告发布前 2 周，Akamai 的股价在 43 ~ 45 美元之间波动。

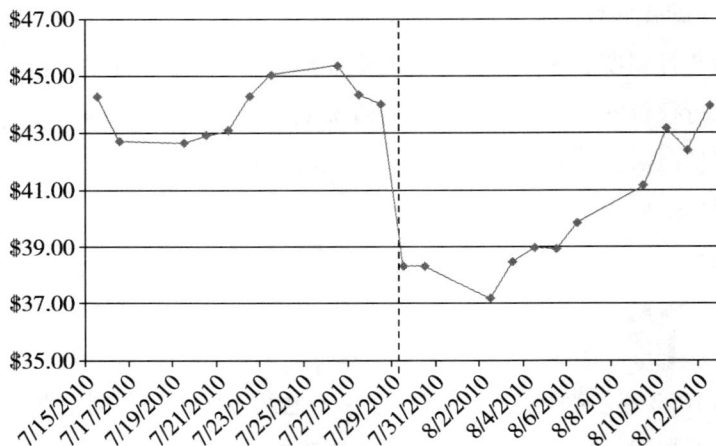

图 10.1　盈利公告发布前后 20 个交易日 Akamai Technologies （纳斯达克：AKAM）的股价

下午 4：30 左右快闭市时，Akamai 公布了盈利公告。据《华尔街日报》报道，公司第二季度的 EPS 为 0.34 美元，与预期完全相符。Akamai 的总收入为 2.4530 亿美元，比分析师的收入预测多 200 万美元。既然未预期盈余为 0，因此对盈利公告的市场反应应该很小，对吧？但事实却不是这样。尽管 Akamai 有强势的收入和利润增长，但盈利公告后的第二天其股价却下跌了 13% ，这究竟是怎么一回事呢？显然，公司所做的第三季度预测没能超过分析师此前的期望，股价因此受挫，第二天的收盘价为 38.35 美元（几天之后的收盘价低至 37.20 美元）。我们怎样才能无需预测这难以捉摸的市场反应，就可以从这样的盈利信息（或无盈利信息）中获利呢？一个简单的跨式期权头寸便可以将其实现。

实现的情况如下：在周三闭市之前，创建行权价均为 44 美元的看涨和看跌期权。正如第 8 章"执行交易前的实际考虑"中所讨论的，近月合约对期权价格变动最敏感，所以我们选择 8 月到期的 44 美元行权价的期权。闭市前，8 月到期的 44 美元行权价的看跌期权的价格为 2.34 美元，我们购买 10 份这种看跌期权合约，花费 2 340 美元并作出 Akamai 的股价在 8 月到期前会下降的赌注。8 月到期的 44 美元行权价的看涨期权的价格也是 2.34 美元，购买 10 份这种看涨期权合约，花费 2 340 美元并作出 Akamai 的股价在 8 月到期前会上涨的赌注。看跌和看涨期权价格都为 2.34 美元纯属巧合，如图 10.2 所示，看跌和看涨期权价格在 2.00～3.50 美元之间剧烈波动。具体来说，看跌期权价格的波动率范围介于 1.80（盈利公告发布前几天）～3.60 美元（7 月 20 日）之间，看涨期权价格的波动率范围介于 3.19（盈利公告发布前几天）～1.95 美元（盈利公告发布前 10 天的一个最低点）之间。

无论如何，因为 Akamai 股价在盈利公告公布前一天为 44.03 美元，所以看跌和看涨期权基本处于平价状态（但是严格来说，看涨期权溢价，看跌期权折价）。如果我们将两种期权都持有至到期，则盈亏平衡点将在超过购买两个期权的任一股价上。这意味着由于两个买价均为 2.34 美元，共支出 4.68 美元，所以 Akamai 的股价变动数额要在 4.68 美元以上。那么，会向哪个方向变动呢？由于是跨式期权头寸，我们还没有提及变动方向，因为我们完全不在乎方向。但为求完整，我们来看一下数据。为使看跌期权获利，股价需从 44.00 美元下降到接近 39.32 美元。类似的，为使看涨期权获利，股价需从 44.00 美上涨到 48.68 美元。

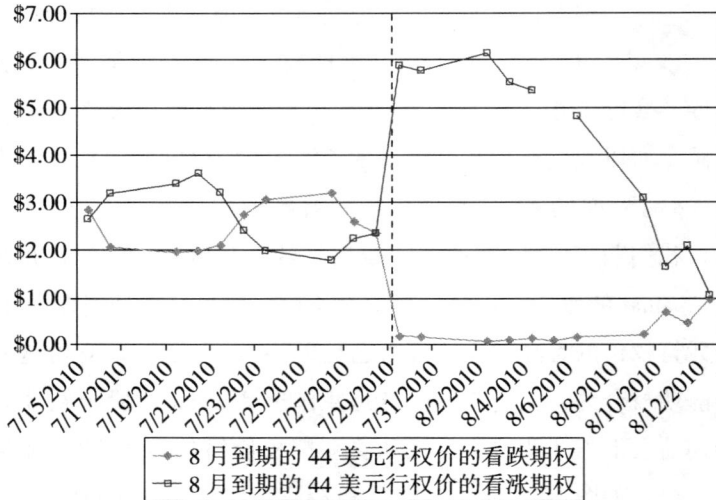

图 10.2　盈利公告前后 20 个交易日 AKAM 8 月到期的 44 美元行权价的看跌和看涨期权价格

如前所述，当 Akamai 宣告盈利时，股价下跌了 13%，跌至 38.35 美元。这意味着跨式期权中的看跌期权一方增值，看涨期权一方减值。如果我们来看刚才讨论的临界价格，38.35 美元的收盘价的确满足了 39.32 美元的下限，但这仅是在持有至到期时的情况下，将跨式期权头寸持有至到期往往是没有意义的。事实上，在标的股票出现大的波动率变化时，平仓就是一个很有说服力的办法，这对时间衰减更加敏感的近月期权合同更加适用。

7 月 29 日，周四（我们建立跨式期权头寸的第二天），正如期望得那样，看涨期权价格明显下降。8 月到期的 44 美元行权价看涨期权价格大幅度下跌至 0.20 美元，减值 91.5%；同时，看跌期权的价格上升，8 月到期的 44 美元行权价看跌期权从 2.34 美元上涨到 5.86 美元，增值 150.4%。看跌期权的增值远超过看涨期权的减值，这就是波动率策略的精髓。如果我们在这一点上平仓，看跌期权将盈利 3 520 美元（（5.86 − 2.34）×100× 10），看涨期权将会有 2 140 美元的损失。初始投资 4 680 美元获得 1 380 美元的回报，即一天中有 29.5% 的回报，而且不必预测未预期盈余的方向以及更加难以预测的市场对未预期盈余的反应。

表 10.1 总结了 Akamai 多头跨式期权的盈利情况。

表 10.1　多头跨式期权（纳斯达克：AKAM）的盈利情况

	股价	8 月到期 44 美元行权价多头看跌期权价格	8 月到期 44 美元行权价多头看涨期权价格	多头跨式期权，8 月到期 44 美元行权价看跌期权与 8 月到期 44 美元行权价看涨期权的组合
2010 年 7 月 28 日	$44.03	$2.34	$2.34	$4.68
2010 年 7 月 29 日	$38.35	$5.86	$0.20	$6.06
变化量	−$5.68	$3.52	−$2.14	$1.38
变化率	−12.9%	150.4%	−91.5%	29.5%

注意，如果我们将期权持有至盈利公告日之后，随着 Akamai 股价的继续下跌，会多出几天的动量。然而由于初始反应是过度的，随后几天会发生回落。对于跨式期权策略，这意味着当股价回到盈利公告发布前的价格时，更长时间地持有

期权头寸会亏损。另外，我们还要与即刻到期期权合约最后几天强烈的时间衰减相抗争。

最后，让我们花些时间从启动时点开始交易的讨论。具体来说，如果我们更早地创建期权头寸会怎样呢？比如在公布盈利公告前的 5 天或 10 天？许多交易者认为盈利公告日临近时，潜在波动率的增加会使多头跨式策略过分昂贵。而接下来的例子就与这一普遍看法相悖。启动时点前的两周，购买跨式期权头寸需花费 5.58 美元（7月 20 日），即使在最便宜时（7 月 27 日）4.80 美元的价格也比启动时点略高。这是一个证明普遍的观点不总是成立的例子，提前两周建立多头期权头寸则多面临两周的时间衰减。确实，如果严格地从天数来看，短期交易面临着一天的时间衰减。更早启动期权将面临 5、6、7 天（早启动期权的天数）的时间衰减。因此，逐渐增加的潜在波动率一定要与时间衰减的成本平衡，实际上一定会有潜在波动率的增加。看跌期权的波动率从 7 月 15 日的 47.75 稳步增加到盈利公告发布前一天（7 月 28 日）的 53.67（又骤降至盈利公告发布后的 43.49），看涨期权的波动率与其相似，但时间衰减超过了波动率的增加。这更加适用于对时间衰减更敏感的即月到期期权合约。远期到期合约当然可以减弱时间衰减效应，但却牺牲了 delta 值。

10.3 例 10.2：多头勒式组合（纳斯达克：AKAM）

前一部分的讨论是关于一个可以获利的跨式期权头寸

的，这时看跌和看涨期权处于（非常接近）平价状态。还有另一种可能就是，如果我们赌在盈利公告日后波动率更大，下的赌注可能就是勒式期权头寸。如前所述，与跨式期权不同，勒式期权是在折价时买入看跌和看涨期权。例如，同样是 Akamai 的交易，要用与行权价相差 2 美元的折价买入勒式期权。对于看跌期权，以 1.52 美元的价格买入 8 月到期的 42 美元行权价的看跌期权，10 份看跌期权共支出 1 520 美元。类似的，8 月到期的 46 美元行权价的看涨期权在盈利公告日前的价格为 1.43 美元，10 份看涨期权共支出 1 430 美元，期权总支出为 2 950 美元。注意，勒式期权比跨式期权便宜。这是有道理的，因为看跌和看涨期权都是在折价状态下购买的。

盈利公告发布之后的一天，看涨期权的收盘价为 0.08 美元（见图 10.3），每份期权合约损失 1.35 美元，共损失 1 350 美元。但是，看跌期权增值为 4.06 美元，每份期权合约获利 2.54 美元，共获利 2 540 美元。初始投资 3 050 美元，得到 1 190 美元即 40.3% 的净收益。这种更高的回报是合理的，因为期权头寸处于折价状态，需要较大的股价波动率使其溢价。但是，我们要在这里强调因为我们的目标是利用短期的价格波动率获利，所以我们并不那么关心期权合约实际到期时是溢价还是折价。不论价格升高还是变低，只要有大的价格波动率就可以。由于勒式期权的行权价明显处于折价状态，因此它是一种更具波动率风险的交易策略，因为股价需有更大的变动。但请注意，远离行权价期权的潜在波动率比接近行权价期权的潜在波动率低，潜在波动率的差别将对买入期权的价格有显著影响。

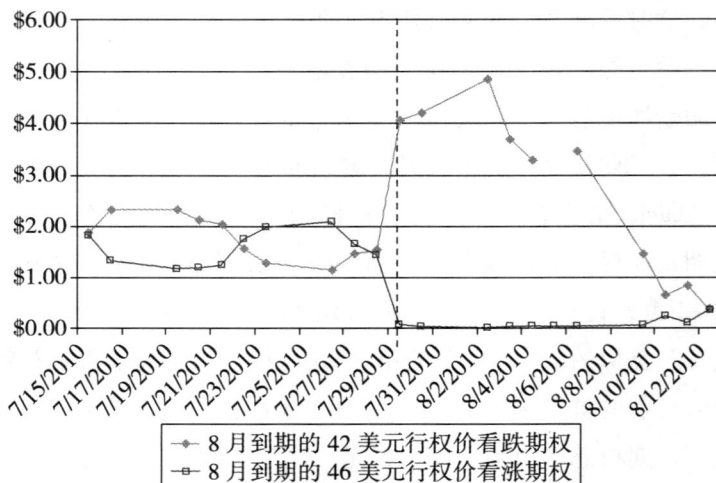

8 月到期的 42 美元行权价看跌期权
8 月到期的 46 美元行权价看涨期权

图 10.3 盈利公告前后 20 个交易日 AKAM 8 月到期的 42 美元
行权价看跌期权和 8 月到期的 46 美元行权价看涨期权的价格

表 10.2 总结 Akamai 多头勒式期权的盈利情况。

表 10.2 多头勒式期权（纳斯达克：AKAM）的盈利情况

	股价	8 月到期 42 美元行权价看跌期权的价格	8 月到期 46 美元行权价看涨期权的价格	多头勒式期权，8 月到期 42 美元行权价看跌期权与 8 月到期 46 美元看涨期权的组合
2010 年 7 月 28 日	$44.03	$1.52	$1.43	$2.95
2010 年 7 月 29 日	$38.35	$4.06	$0.08	$4.14
变化量	− $5.68	$2.54	− $1.35	$1.19
变化率	−12.9%	167.1%	−94.4%	40.3%

最后，我们来看不同的终止和启动时点。如果在盈利公告日后继续持有勒式期权头寸，要注意类似的看跌期权跌价。当 Akamai 的股价上涨到接近 44 美元，8 月到期

的 42 美元行权价看跌期权在期权合约的最后几日变为折价期权时，尤其这样。与之前讨论的跨式期权头寸很相似，在盈利公告前 10 天里每一个更早的启动时点都比我们选择的启动时点的价格贵。具体来说，勒式期权的最高价格出现在 7 月 15 日（图表中的第一天），为 3.71 美元，由于时间衰减导致价格逐步下跌，直到 7 月 28 日启动时点，我们以 2.95 美元的价格买入勒式期权。

10.4　例 10.3：多头跨式组合（纳斯达克：GENZ）

这 里有一个例子再次强调了预测市场对未预期盈余的反应很难，并且表明跨式期权为什么对我们十分有效。Genzyme 是一家重点研究罕见基因疾病、肾脏疾病、整形、癌症、移植和免疫系统疾病的生物科技公司，总市值接近 170 亿美元，20 位分析师对其保持密切关注。2010 年 7 月 20 日，Genzyme 发布第二季度盈利公告的前一天，收盘价为 52.26 美元（见图 10.4）。按照一致预测，EPS 为每股 0.51 美元。但不幸的是，公司 7 月 21 日公布的数字大大偏离预期，Genzyme 的实际盈利仅为每股 0.18 美元，与每股 0.51 美元的预测相差 64%。这个负面结果是由许多因素促成的，包括弃置药品材料费用、工厂关闭、Isis 制药投资的减值。此外，Genzyme 宣告 10.8 亿美元的总收入，而分析师的预期为 11.6 亿美元。除了负的未预期盈余和收入之外，由于持续的药品供应问题，Genzyme 降低了 2010 年的利润和收入预测。公司重新预测了 2010 年经调整的 EPS（介于 1.90 ~ 2.00 美元之间）和总收入（介于 44 亿 ~ 45 亿美元之间），而分析师对 EPS 和收入的期望都更高，分别为 24.7 亿美元和 49.5 亿美元。

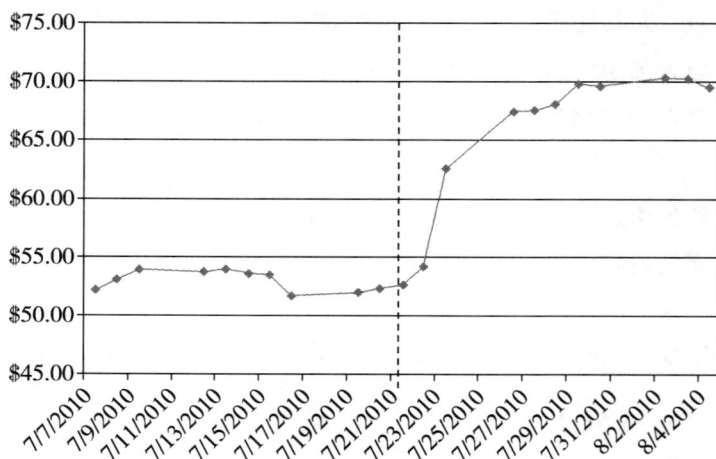

图 10.4　盈利公告前后 20 个交易日 Genzyme（纳斯达克：GENZ）的股价

Genzyme 的股价本应该因所有这些负面消息而一落千丈，不是吗？但实际上，该股票的收盘价更高了，为 52.62 美元。在交易日的某一时点，股价曾高达 54.37 美元（如股价图所示，请注意这正是股价发生大变动的前两天，稍后会对此进行讨论）。

　　这个例子提出了以下几个问题。第一，需要重申未预期盈余不一定对预测市场反应有利。显然，Genzyme 的实际情况与一致预测不符，公司又发布了低于预期的未来预测，但股价几乎不变。实际上，它向相反的方向（稍稍）变动。如果我们做出了看跌预期，购买看跌期权，鉴于这些不利消息，这样的决策似乎是合理的，然而我们将损失惨重。在盈利公告前一天，我们原本会以 2.25 美元买入 8 月到期的 52.50 美元行权价的看跌期权。第二天即将结束时，看跌期权减值 35.6%，收盘价为 1.45 美元（见图 10.5）。

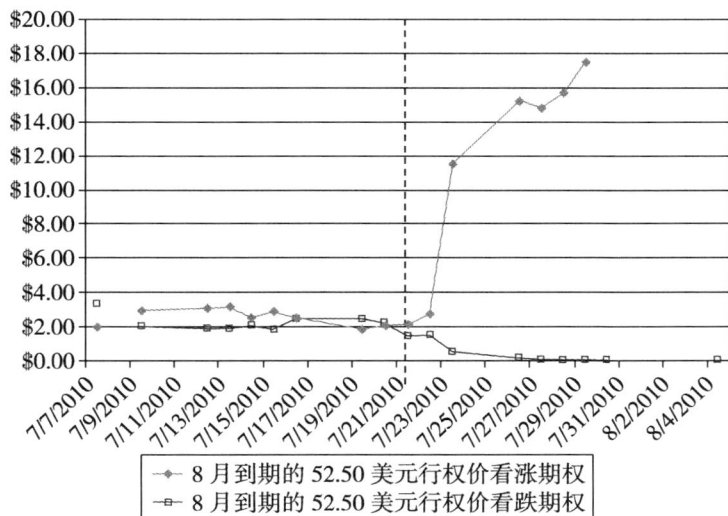

图 10.5　盈利公告前后 20 个交易日 GENZ 8 月到期的 52.50 美元
行权价的看跌和看涨期权的价格

第 二，股价几乎不变的情况下，采用多头跨式期权
策略也不会盈利。假设以此前的 2.25 美元买入
看跌期权，并且花费 2.10 美元买入看涨期权（相同的行权
价和到期日），则共需花费 4.35 美元。发布盈利公告当天，
看跌期权价格为 1.45 美元，看涨期权价格稍微涨到 2.20 美
元，这意味着组合头寸现在的价值为 3.65 美元。与买价相
比，有 0.70 美元的损失，意味着对头寸价值有 16.1% 的侵
蚀。即使我们试图在盈利公告发布前的 2 周里买入跨式期
权，启动价格也不会更好，跨式期权策略最多会在 7 月 7 日
花费 5.30 美元。

这个例子中，跨式期权不能获利的原因是小的价格变动
仅略微增加了跨式期权一方（看涨）的价值。同时，因为波
动率瓦解，另一方（看跌）明显减值。波动率瓦解是由如盈

利公告等信息的披露引起的，随着盈利公告日的临近，股价的不确定性显著降低。跨式期权交易盈利与否的关键在于股价变动的幅度，如果股价变动幅度足够大，则跨式期权盈利一方的盈利几乎总大于损失一方的损失。另外，如果价格变动小，则由于波动率瓦解，损失一方发生的损失要超过盈利一方的盈利。

另一方面是不愿为看跌和看涨期权的潜在波动率支付过多。当一定行权价的潜在波动率较高时，潜在的、大的股价变动已经在价格中体现，这就使跨式期权一方更难获利。

最后，我们将这个交易的特殊点留到最后——在盈利公告公布后几天股价的戏剧性突涨。难道是因为隐藏在盈利公告发布中的利好消息做出了延时反应？并不是这样的。几天后据报道，Genzyme 是法国生物科技公司 Sanoti-Aventis 潜在的收购对象。这个未曾预料到的消息使得 Genzyme 的股价突涨，看涨期权亦如此。坦白地说，这是一个糟糕的交易，只是比较走运而已。无盈利公告的信息使多头跨式组合减值。精明的交易者将终止此期权，不仅仅因为预期事件没有使股价反弹，也因为近月到期合约有持续的时间衰减。如果由于某种原因您决定继续交易（虽然当时我们被迫给出在盈利公告发布后还要继续交易的原因），则跨式期权可以给您带来不错的收益。在我们看来，收购信息进一步强调了盈利公告所具有的定期、重复、可预期的优势（下一章会讨论），但这里空头跨式期权会对组合造成毁灭性的影响。

表 10.3 总结了 Genzyme 多头跨式期权的损失情况。

表 10.3　多头跨式期权（纳斯达克：GENZ）的损失情况

	股价	8 月到期 52.5 美元行权价多头看跌期权价格	8 月到期 52.5 美元行权价多头看涨期权价格	多头跨式期权，8 月到期 52.5 美元行权价看跌期权与 8 月到期 52.5 美元看涨期权的组合
2010 年 7 月 20 日	$ 52.26	$ 2.25	$ 2.10	$ 4.35
2010 年 7 月 21 日	$ 52.62	$ 1.45	$ 2.20	$ 3.65
变化量	– $ 5.68	– $ 0.80	$ 0.10	– $ 0.70
变化率	–12.9%	–35.6%	4.8%	–16.1%

10.5　例10.4：多头跨式组合（纽交所：EK）

为进一步说明跨式期权头寸潜在的盈利和潜在的损失，接下来我们来看在前一章中涉及的两个方向性的期权头寸。首先，我们讨论了一个盈利交易——Eastman Kodak 的跨式期权，之后又讨论了一个赔钱的交易——Kraft Foods 的跨式期权。

回想一下，由于行情看跌，我们创建了一个多头看跌期权。如果担心市场反应不可预测，我们可以用跨式期权头寸做一个波动率赌注，仅需在多头看跌期权的基础上额外买入多头看涨期权。如前所述，在盈利公告发布前买入 8 月到期的 5 美元行权价的看跌期权需花费 0.39 美元（见图 10.6），而买入一个 8 月到期的 5 美元行权价的看涨期权则需花费 0.30 美元，使得跨式期权的总成本为 0.69 美元。发布盈利公告后的第二天，看跌期权价格上涨到 0.85 美元，但跨式期权头寸意味着如果看跌期权涨价，则看涨期权很可能跌价。事实上，看涨期权价格下跌到 0.05 美元，这表示发布盈利公告后跨式期权头

寸 新 的 价 值 为 0.90 美 元 （0.85 + 0.05），有 0.21 美 元 或 30.4% 的 总 收 益。投 资 这 个 跨 式 期 权 头 寸 不 如 仅 购 买 看 跌 期 权 做 单 向 赌 注 的 盈 利 大，但 是，它 能 减 少 发 生 损 失 的 风 险，因 为 其 实 质 上 已 经 回 避 了 交 易 的 方 向 性。

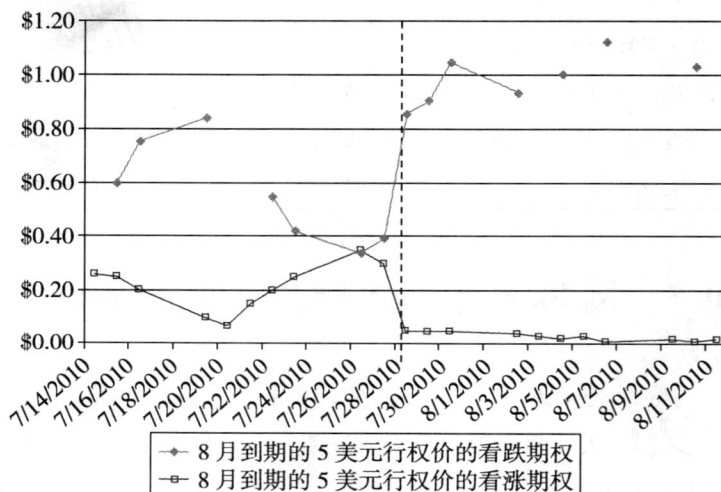

图 10.6　盈利公告前后 20 个交易日 EK 8 月到期的 5 美元

行权价看跌和看涨期权的价格

表 10.4 总结了 Kodak 多头跨式期权的获利情况。

表 10.4　多头跨式期权（纽约证券交易所：EK）的获利情况

	股价	8 月到期 5 美元行权价多头看跌期权价格	8 月到期 5 美元行权价多头看涨期权价格	多头跨式期权，8 月到期 5 美元行权价看跌期权与 8 月到期 5 美元行权价看涨期权的组合
2010 年 7 月 27 日	$4.93	$0.39	$0.30	$0.69
2010 年 7 月 28 日	$4.18	$0.85	$0.05	$0.90
变化量	– $0.75	$0.46	– $0.25	$0.21
变化率	–15.2%	117.9%	–83.3%	30.4%

10.6　例 10.5：多头跨式组合（纽交所：KFT）

回想一下，因为行情看涨，我们对 Kraft 启动了一个多头看涨期权。如果要创建一个跨式期权头寸，就要加入一个多头看跌期权。如前所述，在发布盈利公告前，买入一份 8 月到期的 30 美元行权价看涨期权需花费 0.41 美元（见图 10.7），买入一份 8 月到期的 30 美元行权价看跌期权则需另花费 0.75 美元，使跨式期权的总成本为 1.16 美元。我们已经讨论了在发布盈利公告后的第二天，看涨期权的价格将增加到 0.66 美元，但跨式期权头寸意味着如果看涨期权涨价，则看跌期权很可能会跌价。看跌期权跌价到 0.27 美元，这表示发布盈利公告后跨式期权新的价值为 0.93 美元（0.27 + 0.66），代表着跨式期权 0.23 美元即 19.8% 的总损失。这就是股价不够剧烈变动以使期权头寸盈利的另一个例子，毕竟跨式期权是对波动率的赌注，而波动率瓦解进一步侵蚀了跨式期权头寸的价值。例如，在发布盈利公告前的这周，看跌期权的潜在波动率在 18～19 之间波动，在发布盈利公告的前一天，8 月到期的 30 美元行权价看跌期权的波动率突涨到 23.66 美元。然而第二天，潜在波动率再次降到 18.32 美元。看涨期权在潜在波动率方面有着相似的模式。

表 10.5 总结了 Kraft 多头跨式期权的损失情况。

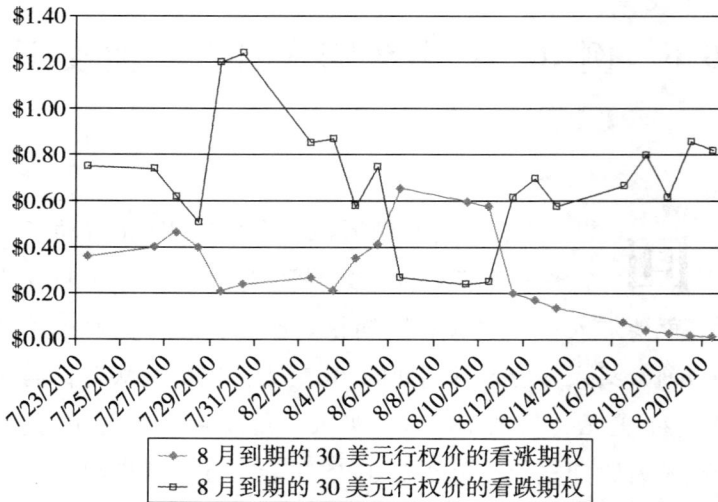

图 10.7　盈利公告前后 20 个交易日 KFT 8 月到期的 30 美元
行权价看跌和看涨期权的价格

表 10.5　多头跨式期权（纽约证券交易所：KFT）的损失情况

	股价	8 月到期 30 美元行 权价多头 看跌期权 价格	8 月到期 30 美元行 权价多头 看涨期权 价格	多头跨式期权， 8 月到期 30 美 元行权价看跌期 权与 8 月到期 30 美元行权价看涨 期权的组合
2010 年 8 月 5 日	$ 29.66	$ 0.75	$ 0.41	$ 1.16
2010 年 8 月 6 日	$ 30.36	$ 0.27	$ 0.66	$ 0.93
变化量	− $ 0.70	− $ 0.48	$ 0.25	− $ 0.23
变化率	2.4%	−64.0%	60.9%	−19.8%

10.7　例 10.6：空头铁蝶式和空头铁鹰式期权

相　对于复杂的策略，我们这本书比较倾向于简单的策略。我们相信本章介绍的跨式和勒式期权头寸在许多方面符合您想启动的与波动率有关的期权头寸交易，至少它们与盈利公告期间的交易有关。下面来谈谈另一种类型的交易，我们基本上已经讨论了它的所有要素，这种期权头寸被称作空头铁蝶式期权。

空头铁蝶式期权基本上是前一章中讨论的牛市看涨套利和熊市看跌套利的组合头寸，这意味着我们不仅要继续启动多头跨式组合，还要启动超行权价（further-out strike prices）的空头看跌期权和空头看涨期权。Genzyme 的例子（例 10.3）中，最初我们持有 8 月到期的 52.50 美元行权价的看涨期权和 8 月到期的 52.50 美元行权价的看跌期权，它们构成了跨式期权。为了组成铁蝶式期权头寸，在这个跨式期权的基础上，要卖空超行权价（outer strike prices）的期权。具体来说，需要同时卖空 8 月到期的 55 美元行权价的看涨期权和 8 月到期的 50 美元行权价的看跌期权。在初始交易时（2010 年 7 月 20 日），8 月到期的 55 美元行权价的看涨期权的价格为 1.10 美元，8 月到期的 50 美元行权价的看跌期权的价格为 1.25 美元。要卖空这些期权合约，会得到 2.35 美元的权利金，而这笔钱会使跨式期权净支出从 4.35 美元降到 2.00 美元（参见表 10.3）。第二天，当多头跨式期权减值为 3.65 美元时，您卖出的超行权价期权价值将减值为 2.15 美元（卖空看涨期权 1.55 美元，卖空看跌期权 0.60 美元）。如果您当天进行平仓，将会从超行权价中获得 0.20 美元的盈利，因为您会以 2.15 美元的价格买回前一天以 2.35 美元的价格卖空的期权。在 Genzyme 的例子中，这意味着多头跨式期权从最初 0.70 美元的损失降低到 0.50 美元。

因此，铁蝶式的空头头寸可以减少多头跨式期权的支出和潜在的损失。但是，因为卖空了超行权价期权，您实际上给跨式期权的无限增长潜力设定了上限。例如，在 Genzyme 的例子中，如果股价降到 45 美元以下，跨式期权交易就如当初那样，8 月到期的 52.50 美元行权价的看跌期权将会充分享受股价大幅下跌所带来的益处。空头铁蝶式期权已基本限制了这种股价大幅下跌所带来的好处。虽然多头看跌期权得到了股价从 52.50 美元降到 50 美元所带来的益处，但任何进一步的股价下跌都会被 8 月到期的 50 美元行权价的空头看跌期权抵消。实际上，当股价降到 50 美元以下时，8 月到期的 52.50 美元行权价的多头看跌期权的盈利会被 8 月到期的 50 美元行权价的空头看跌期权的损失抵消。最后，在这个例子中，8 月到期的 55 美元行权价的空头看涨期权的价格会进一步降低，这对您是有利的。

是否值得用空头头寸减少成本并限制多头头寸的盈利潜力，是您必须要权衡的个人选择。我们的观点是这些更复杂的交易几乎不值得去尝试，因为有必须与其抗争的四个"分腿"——4 种不同的买卖价差和 4 倍的交易成本。

最后，空头铁鹰式期权与空头铁蝶式期权的头寸类型很相似，除了要启动一个多头勒式期权而非多头跨式期权。例 10.2 和表 10.2 中的 Akamai 勒式期权是铁鹰式期权的例子。具体来说，在 Akamai 的例子中，持有 8 月到期的 46 美元行权价的看涨期权和 8 月到期的 42 美元行权价的看跌期权（而股价是 44.03 美元）来构成多头勒式期权。为了构建一个空头铁鹰式头寸，仅需要再次卖空超行权价的期权，如卖空 8 月到期的 47 美元行权价的看涨期权和 8 月到期的 41 美元行权价的看跌期权。

第 11 章

空头跨式和勒式期权策略

在前一章，我们列出主要交易策略的基本详情，在盈利公告日前后运用跨式和勒式期权策略。为了给您一个盈亏相称的角度，除盈利交易外，我们还会列举一些失败的交易，但恐怕您希望您所有的交易都盈利。您也许会注意到对那些亏损的交易，您本可以用卖出期权取代买进期权，这样就会使损失的交易扭亏为盈。这一章回顾这种空头策略的优缺点，虽然这些并不是我们一定会推荐的交易，但是通过分析它们，您也一定会学到很多。

11.1　举个空头期权的例子

上一章中，我们列举了六个不同的例子，一些是盈利的交易，另一些是失败的交易：

- Akamai 跨式期权：29.5% 的盈利。

- Akamai 勒式期权：40.3% 的盈利。
- Genzyme 跨式期权：16.1% 的损失。
- Kodak 跨式期权：30.4% 的盈利。
- Kraft 跨式期权：19.8% 的损失。
- Genzyme 空头铁蝶式期权：25% 的损失。

对于上述三个损失的交易，任何一位对卖空熟悉的投资者（交易者）都会告诉您：仅仅将这些多头期权卖空，就会扭亏为盈，这就是本章的主题。但是，我们要强调，这是一种与本书一直要建立的经济直觉（被称为盈利公告前后巨大的不可预测的市场反应）相悖的风险策略。尽管如此，讨论这些问题还是会受益匪浅。

这本书基本上已经介绍了三种核心的实证结果。第一，未预期盈余是常见的、大量的（第 4 章）。第二，对这些未预期盈余的市场反应是明显的（第 5 章）。第三，即使我们能完美地预见未预期盈余的方向，我们预测市场反应的方向也是很难的（第 6 章）。我们相信，这些结果是支持我们的主要观点——运用跨式和勒式期权会赚大钱——的强有力的证据。

这个论点的另一方面是卖空跨式和勒式期权可能会损失很多钱，但有一个例子可以说明空头策略实际上也可以获利。40 年前，Ball 和 Brown（1968）进行了一个至今也很著名的研究。研究发现，股价在好的盈利消息报出前的几个月会稳步上涨。类似的，股价在坏的盈利消息报出前的几个月会稳步下降。某种程度上，这个发现并不那么令人感到惊讶。市场非常善于提前识别来自于世界各个角落的好消息和坏消息，这是因为市场由不同类型的参与者组成——个人投资者、机构投资者、分析师、债权人，他们都会付出时间和资源，试图获取信息以占据先机。他们收集并分析以往财务报表中的历史数据，访问公司并与诸如管理层、员工、竞争者等主要参与者交谈。所以，也许 Ball 和 Brown 的发现——价格与公司未预期盈余同向稳定变动——是不足为奇的。

假设我们将这一论点推向极致，市场已经通过重重探测对公司的盈利进行了完全预测。因此，市场会将这些信息完全体现在股价中，这样看起来就像市场对盈利公告没有任何反应似的。对盈利公告无市场反应的观点与前几章中的论据直接对立。[①] 但问题是，我们不得不将此论点推向极致，才会得到无市场反应的结果。尽管如此，市场已经预知了大量的盈利消息——是在盈利公告日前后卖空跨式和勒式期权的一个关键论据。另一个关键论据是，盈利公告发布前启动的空头跨式期权利用了公告期间的潜在风险的显著增加，和大部分不确定性消除时后续的波动率瓦解。一般的，这种空头期权头寸伴随着这样一个现实，即时间衰减是对其有利的，但由于我们仅在很短的期间内持有期权头寸，所以这里此点无需强调。事实上，多头跨式期权是对股价波动率会增大的一种赌注，而空头跨式期权则是对股价波动率会减小的一种赌注。在理想情况下，股价会保持不变，或者进行小范围的交易，这些使得空头看跌和看涨期权在到期时毫无价值。

让我们来看几个例子。

---

① 起初这两个发现看起来有些矛盾。但是，在市场能预测一部分盈利信息的情况下，会产生未预期盈余是完全可能的。这种情况会发生是因为市场只能预测一部分而不是全部的盈利信息。

11.2　例11.1：空头跨式组合（纽交所：KFT）

第一个例子是为了说明获利的空头跨式期权，我们仅仅转变前一章中的 Kraft 跨式期权（例 10.5）就可以了，所有的价格都与那个例子和表 10.5 一样，只是逻辑转变了。具体来说，分别以 0.75 美元和 0.41 美元的价格卖出 8 月到期的 30 美元行权价的看跌和看涨期权来创建期权头寸，共获得 1.16 美元的权利金。由于 Kraft 的盈利公告，看跌期权价格降到 0.27 美元，看涨期权价格涨到 0.66 美元，使跨式期权现在的价值为 0.93 美元，有 0.23 美元的下降，这使得本次交易有 0.23 美元的盈利。

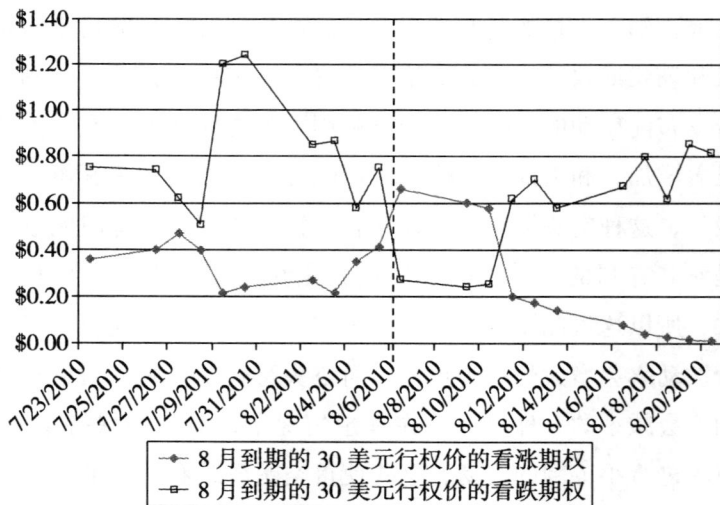

图 11.1　盈利公告前后 20 个交易日 KFT 8 月到期的 30 美元行权价的看跌和看涨期权的价格

这个空头跨式期权会盈利至少有三个理由，我们将其按重要性顺序列示。第一，标的股票的价格波动程度不足以使我们卖空的期权头寸增值。第二，盈利公告前的"每一条分腿"的潜在波动率会逐渐减小（波动率瓦解）。具体来说，一天中看跌期权的潜在波动率从 23.66 下降到 18.32，看涨期权的潜在波动率从 22.68 下降到 18.66。第三，一天期的时间衰减也是一个原因。

最后一个问题是对不同创建时点的选择。与前面讨论过的多头跨式期权不同，因为现在我们是跨式期权的卖方，时间衰减对我们有利。在这种情况下，较早创建跨式期权头寸会盈利更多。例如，在 7 月 29 日，提早 5 天启动空头跨式期权，会得到一个 1.41 美元的组合价格（看跌期权为 1.20 美元，看涨期权为 0.21 美元）。由于时间衰减的作用，我们已经在盈利公告前的那天获利了 0.25 美元（1.41 - 1.16）。然而，时间衰减带来的盈利是不确定的，因为有其他因素影响期权价格。例如，在 7 月 23 日，提早 2 周创建空头期权头寸，会得到一个 1.11 美元的组合价格（看跌期权为 0.75 美元，看涨期权为 0.36 美元），这会造成在盈利公告前的那天净损失 0.05 美元。

表 11.1 总结了 Kraft 的获利情况。

表 11.1　**空头跨式期权（纽交所：KFT）的获利情况**

	股价	8 月到期 30 美元行权价空头看跌期权价格	8 月到期 30 美元行权价空头看涨期权价格	空头跨式期权，8 月到期 30 美元看跌期权与 8 月到期 30 美元看涨期权的组合
2010 年 8 月 5 日	$29.66	$0.75	$0.41	$1.16
2010 年 8 月 6 日	$30.36	$0.27	$0.66	$0.93
变化量	$0.70	$0.48	-$0.25	-$0.23
变化率	2.4%	64.0%	-60.9%	19.8%

11.3 例 11.2：空头跨式组合（纳斯达克：WYNN）

下一个例子是 Wynn Resorts（纳斯达克：WYNN），一个度假赌场的开发者、拥有者和运作者，该公司的地点设在 Wynn 拉斯维加斯和 Wynn 澳门。公司虽然宣告巨大的正未预期盈余，但是股价反应很小。起初，人们认为这种沉默回应（股价基本不变）对空头跨式或勒式期权来说很理想，但在这里我们会说明在空头交易中不一定是这样的。

在经济繁荣时期，Wynn 股票的价格达到每股 150 美元，但 2008 年的金融危机对其造成了冲击，使其从股价顶点降到每股 15 美元的价格，降幅接近 90%。之后，随着经济的复苏，股价从 2009 年 3 月的低谷强势反弹。2010 年 7 月 28 日，在 Wynn 发布第二季度盈利公告的前一天，股票收盘价为 87.87 美元，接近 2009 年 3 月低谷期收益的 500%（见图 11.2）。在发布盈利公告的 2 周前，股价从低点 80 美元开始一路上升。在宣告盈利的前一天，分析师一致预测的 EPS 为每股 0.42 美元。当天，8 月到期的 90 美元行权价看涨期权的收盘价为 3.15 美元，8 月到期的 90 美元行权价看跌期权的收盘价为 5.73 美元。如果我们创建了这两种空头头寸，将获得 8.88 美元的权利金。

第二天，7 月 29 日，Wynn 宣告的盈利超过了一致预期，实际的 EPS 值为 0.52 美元，比预期的 0.42 美元高 23.8%。当天，股价发生剧烈波动，最高价高达 89.56 美元，最低价低至 86.09 美元，股价有 4% 的波动。然而，它当天最终的收盘

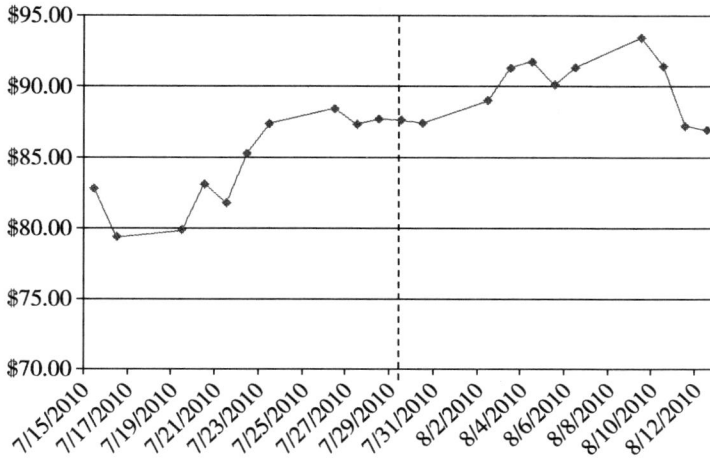

图 11.2　盈利公告前后 20 个交易日 Wynn Resorts（纳斯达克：WYNN）的股价

价为 87.85 美元，基本与前一天的 87.87 美元持平。看涨期权当天的收盘价为 3.10 美元，仅比前一天的 3.15 美元低 0.05 美元。看跌期权收盘价为 5.54 美元，仅比前一天的 5.73 美元低一点（见图 11.3）。看涨与看跌期权在当天收盘时的价值总计为 8.64 美元，与初始的 8.88 美元相比，价格下滑了 0.24 美元，仅下滑了 2.7%。因此，空头跨式期权是盈利的，但我们仅仅净盈利 0.24 美元，即 2.7%。这种盈利会很轻易地被交易费用抵消。鉴于 Wynn 股价几乎与前一天收盘价持平，0.24 美元这种微利是相当令人失望的。造成这种微不足道的回报的一个原因是，盈利公告当天股价非常不稳定，显示出人们并不认为盈利公告后波动率会瓦解（即使按当天的高价进行平仓，看涨期权为 4.00 美元，看跌期权为 4.60 美元，总期权头寸的价值也仅为 8.60 美元，有 0.28 美元的盈利。类似的，如果按照当天的低价平仓，看涨期权为 2.42 美元，看跌期权为 6.80 美元，总期权头寸的价值为 9.22 美元，有 0.34

美元的损失）。事实上，看跌期权在 7 月 28 日的潜在波动率为
49.38，第二天降到 48.01，仅有 2.8% 的波动率下降。看涨期
权在这一期间的潜在波动率从 48.36 下降到 47.43。

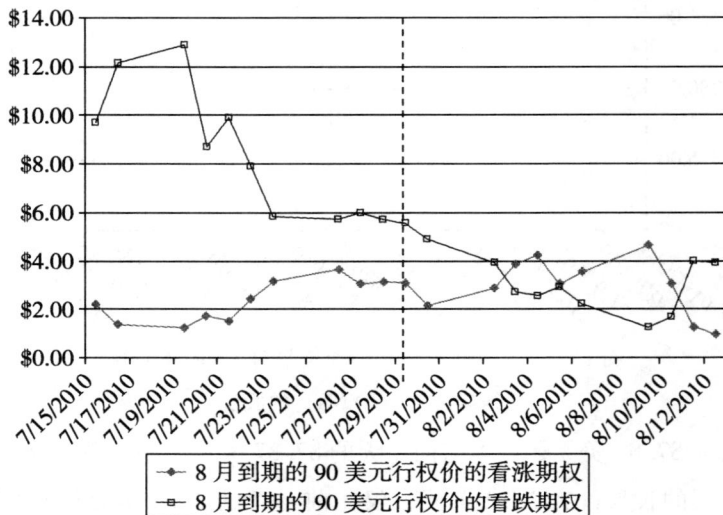

图 11.3　盈利公告前后 20 个交易日 WYNN 8 月到期的 90 美元
行权价的看涨和看跌期权的价格

较 早启动空头跨式组合会盈利更多。在 7 月 19 日的
价格高点，股票收盘价为 79.80 美元时，跨式期权
的价值为 14.13 美元（看涨期权为 1.28 美元，看跌期权为
12.85 美元）。当然，选取这种最好的情境很困难，但是即使
运用拇指法则，在盈利公告前 2 周，7 月 15 日跨式期权的价
值也会达到 11.90 美元。对于终止时点，随着时间衰减发挥作
用，跨式期权在接下来的 2 周会逐渐减值。8 月 12 日，当股
价为 86.93 美元时，跨式期权的收盘价为 4.90 美元，折价看
涨期权的价格为 1.00 美元，溢价看跌期权的价格为 3.90
美元。

表 11.2 总结了 Wynn Resorts 的获利情况。

表 11.2　空头跨式期权（纳斯达克：WYNN）的小量获利情况

	股价	8 月到期 90 美元行权价空头看跌期权价格	8 月到期 90 美元行权价空头看涨期权价格	空头跨式期权，8 月到期 90 美元行权价看跌期权与 8 月到期 90 美元行权价看涨期权的组合
2010 年 7 月 28 日	$87.87	$5.73	$3.15	$8.88
2010 年 7 月 29 日	$87.85	$5.54	$3.10	$8.64
变化量	−$0.02	$0.19	$0.05	$0.24
变化率	0.0%	3.3%	1.6%	2.7%

11.4　例 11.3：空头跨式组合（纳斯达克：WFMI）

Whole Foods Market 拥有并经营了 284 家天然和有机食品连锁超市，这些超市大部分在美国，在加拿大和英国也有部分超市。让我们来看一下这个例子，Whole Foods 的盈利公告虽然表面上看平凡无奇，但却对其股价造成了严重破坏，以及空头跨式期权也令我们蒙受了损失。2010 年 8 月 3 日，WFMI 的收盘价为 39.49 美元（见图 11.4）。该日的前 2 周，股价一直在 36.31 ~ 40.15 美元之间摇摆。对 2010 年第三季度的一致预测为每股 0.38 美元，接近一年前盈利的 2 倍，并且连续三个季度收入一直在增长。在发布盈利公告前，WFMI 8 月到期的 40 美元行权价的看涨期权为 1.40 美元，8 月到期的 40 美元行权价的看跌期权为 1.96 美元，期权价格也在一个较大的范围内变化。

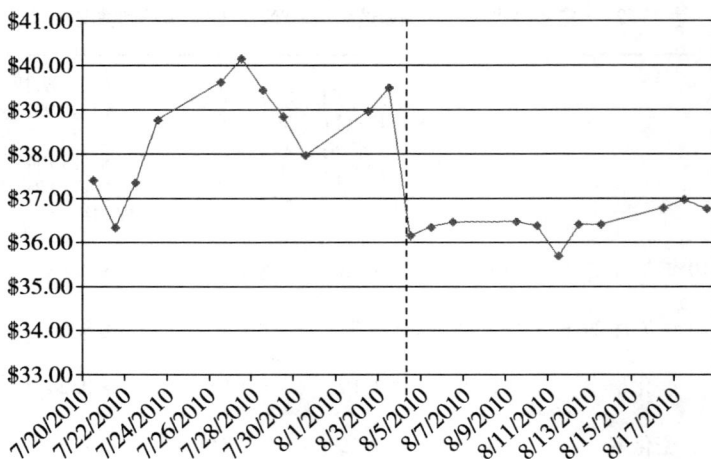

图 11.4　盈利公告前后 20 个交易日 Whole Foods Market

（纳斯达克：WFMI）的股价

　　那天闭市后，WFMI 宣告的季度 EPS 恰好符合预期的 0.38 美元，并且宣告的收入为 22 亿美元，超过了预期的 21 亿美元。因为 WFMI 恰好达到预期，表面上看起来对空头跨式组合而言是一个完美的交易（正未预期收入下或许对多头看涨期权也适用），[①] 而空头跨式期权意味着我们会获得 3.36 美元的权利金。

　　那么，交易情况怎样呢？市场反应很消极。第二天，即 8 月 4 日，WFMI 的收盘价为 36.16 美元，下降了 8.4%。究竟发生了什么？很显然，在 Whole Foods 的盈利公告中，公司达到盈利预期、超过收入预期的评估报告中混杂了由于经济低迷而对未来预期的警示用语。由于这些警示用

---

　　①　未预期收入和未预期费用在第 13 章"未预期收入和费用"中会涉及。

语，市场决定展开激烈的拉锯战。看涨期权的收盘价为 0.06 美元，有 1.34 美元的价格下跌，较前一天下降了 95.7%，这正是我们想要的。但是，看跌期权价格激增，收盘价为 3.90 美元，即增长 98.9%。

如果卖空 8 月到期的 40 美元行权价的跨式期权，它的价格会从初始的 3.36 美元上涨到 3.96 美元，增长 17.8%。尽管 Whole Foods 达到了盈利预期，但 0.60 美元的损失还是发生了。关键的问题在于标的股票的价格显著走低，使得卖空的看跌期权显著溢价。并且，在盈利公告发布后，我们所期望的潜在波动率瓦解并没有发生。因为随着 Whole Foods 的披露，市场产生了新的不确定性。这个例子强调了在盈利公告发布前后，利用潜在波动率瓦解存在固有风险，特别是虽然隐含在跨式期权"每一条分腿"中的潜在波动率在盈利公告后一个时期内可能会减小，但这种潜在波动率也可能显著增加，这完全取决于消息的类型以及市场对消息的理解。

在启动时点前 2 周的任何一天启动空头期权头寸却会缓解损失。早一周卖出跨式期权会得到 3.72 美元（见图 11.5），早两周则会得到可观的 4.62 美元。在这个例子中，时间衰减又再次成为了主导因素。在盈利公告公布后的一段时期内，跨式期权价格发生上下波动。例如，即使在后一天，8 月 5 日，跨式期权也会减值到 3.23 美元，这时平仓会盈利。但是几天后的 8 月 11 日，当股价暂时下跌到 36 美元的临界值时，跨式期权增值到 4.36 美元。

表 11.3 总结了 Whole Foods Market 的损失情况。

表 11.3　空头跨式期权（纳斯达克：WFMI）的损失情况

	股价	8 月到期 40 美元行权价空头看跌期权价格	8 月到期 40 美元行权价空头看涨期权价格	空头跨式期权，8 月到期 40 美元行权价看跌期权与 8 月到期 40 美元行权价看涨期权的组合
2010 年 8 月 3 日	$39.49	$1.96	$1.40	$3.36
2010 年 8 月 4 日	$36.16	$3.90	$0.06	$3.96
变化量	−$3.33	−$1.94	$1.34	−$0.60
变化率	−8.4%	−98.9%	95.7%	−17.8%

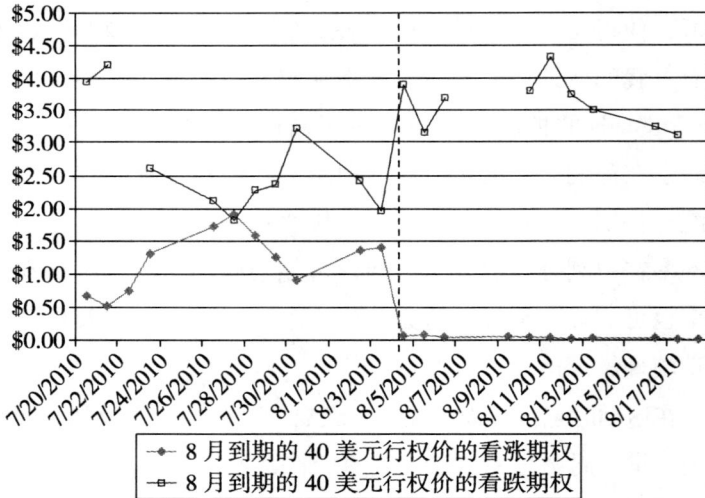

图 11.5　盈利公告前后 20 个交易日 WFMI 8 月到期的 40 美元行权价的看涨和看跌期权的价格

这个讨论是为了对创建空头跨式头寸或勒式期权头寸提出警示。在风险收益图中，空头跨式期权值的上升空间有限（基本上是全部的权利金）。但是，下降空间无限，因为价格的大波动会对期权头寸造成极大的破坏，并且极易侵蚀期权头寸盈利一方的回报。因此，您可能经常会从这个空头跨式期权策略中获得小额的权利金，直到某一天遭受价格剧烈波动的打击。这种类型的剧烈波动称作黑天鹅，它能够轻易抹去先前的盈利。我们相信这些风险和潜在的大幅下跌会使利用波动率瓦解的吸引力相对下降。

掘金： 从公司盈利信息揭秘期权投资

Trading on Corporate Earnings News: Profiting from
Targeted, Short-term Options Positions

第五部分 微调：提高交易获利的几率

在第四部分，我们列举了几个主要的期权交易策略的真实例子，确保我们同时展示了盈利和不盈利的交易。第五部分将讨论经验研究中的其他发现，这些发现如果能够得到正确的运用，将会帮助您提高在盈利公告发布前后交易获利的可能性。第 12 章介绍成长型公司当有盈利偏差时股价易发生大幅下跌。第 13 章介绍未预期收入和未预期费用。第 14 章介绍那些总是超出盈利预测的公司。第 15 章就一个有助于您进一步微调和选择交易的其他研究成果的讨论总结全书。

成长预期和鱼雷效应

通常，分析师将公司分为成长型公司和价值型公司。成长型公司有很高的成长预期，而价值型公司的成长预期则相对较低。Skinner 和 Sloan（2002）的一项研究认为，成长预期显著影响市场对公司未预期盈余的反应。为了检验这种可能性，两位学者观察了市场对超过 100 000 家公司未预期盈余的反应，观察期间从第一季度结束前 12 天开始，一直到季度盈利公告发布的后 1 天结束。这段期间同时涵盖了未预期盈余和几乎所有的盈利预告。然后，他们将样本分成成长型公司和价值型公司两类（成长预期用公司的市账比来衡量，市账比高的公司被视作成长型公司，而市账比低的公司则被视作价值型公司）。

Skinner 和 Sloan 的研究有两个重要的发现。首先，他们发现在未预期盈余水平相同的条件下，市场对成长型公司的未预期盈余的反应更为强烈，而对价值型公司的反应则相对不那么强烈。这种现象不论是在正未预期盈余还是在负未预期盈余的情况下都存在。无论怎样，市场对于成长型公司的反应都更强，而对于价值型公司的反应则较弱。

研究中的第二个发现是市场反应的对称性和不对称性。具体来讲，他们发现对价值型公司而言，市场对正、负未预期盈余的反应都是一样的。一般来说，当一家价值型公司宣告盈利时，市场对坏盈利消息和对好盈利消息的反应程度是相同的。换言之，市场对好消息和坏消息的反应是对称的。另外，成长型公司的市场反应是不对称的。具体来讲，就成长型公司来说，学者们发现市场对坏盈利消息的反应要比对相似的好盈利消息的反应强烈得多。简言之，市场对成长型公司发布坏消息的惩罚要比发布好消息的奖励多出许多——这就是不对称。市场对负未预期盈余有强烈的消极反应，这种现象被戏称为鱼雷效应。看来似乎很小的盈利不足（earning miss）就能对一家成长型公司的股价造成灾难性的影响。这并不意味着成长型公司总是遭受严重的惩罚，或是价值型公司就不会受到严重惩罚，但我们可以从平均水平得出以上论断。

这些发现对于期权交易者利用盈利公告有什么暗示呢？首先，因为市场对成长型公司股票的反应的平均幅度更大，这表明对成长型股票采用多头跨式策略能得到更大的收益（相对于价值型公司股票）。其次，如果成长型公司发布的是消极的盈利信息，那么从该策略中获得的收益将特别丰厚。这意味着一个偏重于看跌方的多头比例跨式策略（例如，看跌期权与看涨期权的比例为 2 : 1），也许会更加适合成长型公司股票。

12.1 例 12.1：一个小盈利不足的鱼雷效应（纽交所：BHI）

我们第一个鱼雷效应的例子是关于 Baker Hughes 公司（纽交所：BHI）的。Baker Hughes 公司涉足油田服务领域，为全球的石油和天然气行业提供钻/咨询/储藏产品和技术方面服务以及相应的系统。Baker Hughes 市值为 170 亿美元，并有着大于 40 的超高市盈率，因此它属于成长型公司。的确如此，公司 2008 年的总收入和利润相比 2005 年翻了一番，该期间收入和利润每年都有增长。2009 年公司的收入和利润比 2008 年低，但从 2009 年第三季度开始，公司又重新获得快速增长。

2010 年 8 月 2 日，在 BHI 发布第二季度盈利公告的前一天，股价收于 50.23 美元（见图 12.1）。在盈利公告发布前的几星期，股票的交易价格一直在 48 ~ 50 美元之间波动。在盈利公告发布前，BHI 的 8 月到期的 50 美元行权价看涨期权的收盘价为 2.09 美元。同一行权价/到期月的看跌期权的收盘价为 1.88 美元。因此，一个跨式期权共需花费 3.97 美元。如果我们每一种合约购买 5 份，那么总支出为 1 985 美元。

一致的盈利预测是每股 0.43 美元。第二天，宣告的盈利是每股 0.41 美元，因此 Baker Hughes 的每股盈利仅仅比预期少了 0.02 美元。在令人失望的盈利公告发布后，股价的反应就如同一艘被鱼雷击中的船——股价骤然暴跌 13%，收于 43.66 美元。这是 2008 年 12 月以来单日损失最大的一次。经推测，大量抛售股票背后的原因是 Baker Hughes 公司在南美和非洲的利润率下降。

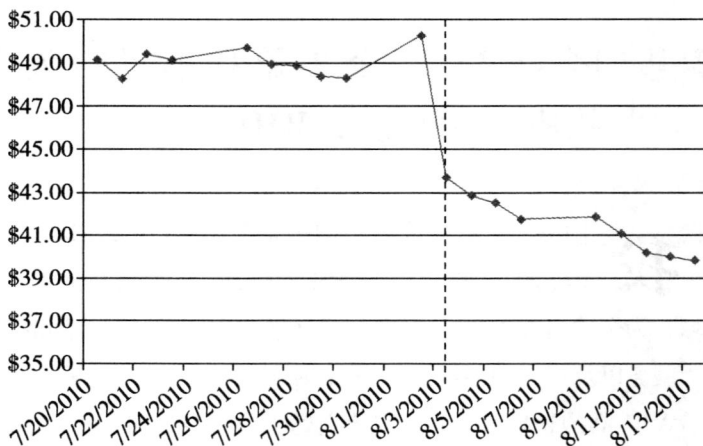

图 12.1　盈利公告发布前后 Baker Hughes（纽交所：BHI）

20 个交易日的股价

第

二天临近闭市时，看涨期权的价格降到 0.06 美元，几乎失去了其全部价值。然而，看跌期权的价格激增至 6.33 美元，增长了 236.7%（见图 12.2）。跨式期权新的

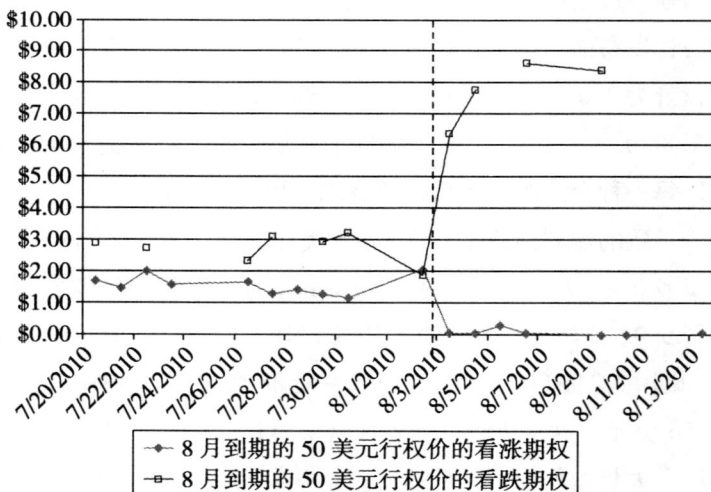

- ◆ 8 月到期的 50 美元行权价的看涨期权
- □ 8 月到期的 50 美元行权价的看跌期权

图 12.2　盈利公告发布前后 Baker Hughes（纽交所：BHI）20 个交易

日的 8 月到期的 50 美元行权价的看涨和看跌期权的价格

价格为 6.39 美元，意味着从 3.97 美元的初始投资中获得了 2.42 美元的收益，有多达 60.9% 的可观利润。这是一个如何利用由盈利的微小不足引起鱼雷效应的典型例子，即通过方向中立的跨式期权头寸来获利。下面，让我们考虑一个相似的例子，这次是由收入的微小不足引发的鱼雷效应。

12.2　例 12.2：小收入不足所引发的鱼雷效应（纳斯达克：NFLX）

在本例中，我们将讨论一家您必有耳闻的、快速成长型公司——Netflix 公司。在目前的交易环境里，人们害怕双底衰退、通货紧缩和其他灾难，人们紧张于公司怎样维持收入增长，因此人们特别关心未预期盈余是怎样产生的——是通过削减费用还是通过增加收入。由于收入不足，成长型公司的鱼雷效应会相当强烈。

我们考虑一个近来的实例 Netflix（纳斯达克：NFLX）公司，一家通过网络和邮寄 DVD 的方式来进行影视下载的订阅服务公司。10 年前，Netflix 仅是一家试图改变人们获取娱乐信息的渠道的小公司。如今，它已是一家具有超过 1 200 万订阅者，并有着 70 亿美元市值的公司。从 2005 年到 2009 年，Netflix 的收入增长超过 3 倍，利润从几乎为 0 增加到 1.159 亿美元。即使是最近的金融危机也没有使它放慢增长速度。从 2008 年到 2009 年，公司的收入增长了 22%，每股收益增长了整整 50%。股市清楚地认识到公司的高增长潜力，将其市盈率定位为大于 50。7 月 21 日，就在 Netflix 发布第二季度的盈利公告的前一天，股票的收盘价为 119.65 美元（见图 12.3）。

在 闭市后，Netflix 公司宣告其盈利为 0.8 美元，轻易地就超过了一致预测的 0.68 美元。但是，Netflix 没能达到预测收入，它公布的总收入为 5.198 亿美元，比去年增长了 27%，然而比分析师们的预期 5.241 亿美元少。股价因此受创，几小时后就下跌了 9%。

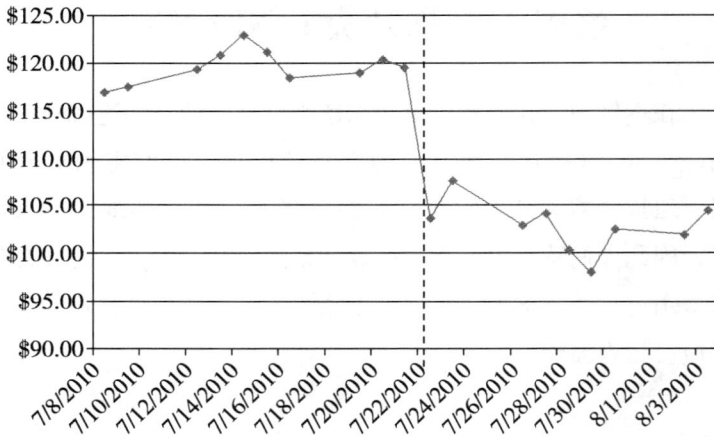

图 12.3　盈利公告前后 20 个交易日 Netflix（纳斯达克：NFLX）的股价

这家成长型的公司轻易地超过了盈利预期，但由于 430 万美元的差距而没能达到一致的收入目标 5.241 亿美元，仅仅差 0.8%。然而，这一微小的不足正是引起股价像被鱼雷击沉了一样下跌的原因。股票第二天的收盘价为 103.56 美元，降低了 13.4%。一个与收入预期相差 0.8% 的不足怎么会引起市值 13.4% 的减少呢？因为成长型公司面临着在所在行业、市场进行开拓的额外的不确定性，它们极易受到微小的收入不足和盈利不足的影响。这些公司使市场能够洞悉未来这种收入和盈利的情况。

不 论如何，本例表明可以在临近成长型公司发布盈利
公告时购买空头期权头寸，如果预计成长型公司没
能达到盈利或收入的预期，即使只是微小的偏差，但至少跨式
期权仍可获利。

7 月 22 日闭市时，Netflix 8 月到期的 120 美元行权价看跌
期权的价格为 8.5 美元（见图 12.4）。第二天，随着盈利和收
入信息的发布，看跌期权的收盘价为 17.33 美元，上涨了
103.9%。如果您不想投资 NFLX 方向性熊市看跌期权，投资
跨式期权头寸也能够获利颇丰。一个 8 月到期的 120 美元行权
价的看涨期权的价格为 8.10 美元，随后收盘价为 1.12 美元。
因此，一个跨式期权头寸总共花费 16.6 美元，而第二天，这
一组合头寸的价格为 18.45 美元，有 11.1% 的获利——不用
自己承担方向上的风险并能获得相当好的回报。

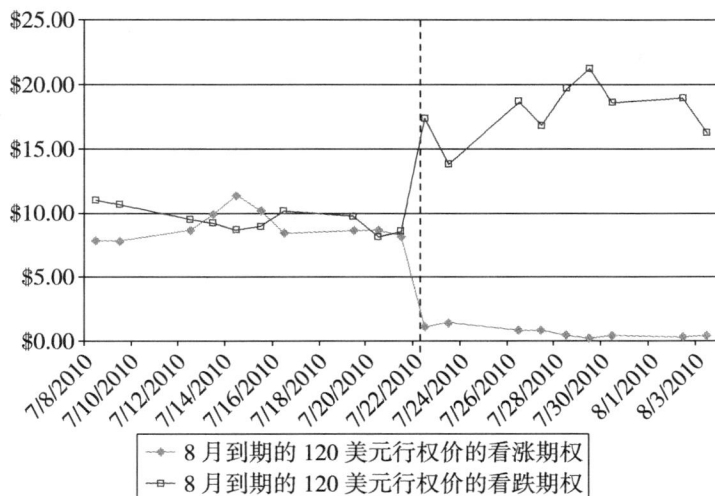

**图 12.4 盈利公告发布前后 20 个交易日 NFLX 8 月到期的 120 美元
行权价的看涨期权和看跌期权的价格**

第 13 章

未预期收入和未预期费用

本章要讨论未预期收入和未预期费用。近些年来，分析师们经常在预测盈利的同时发布对收入的预测。这给管理人员带来了额外的压力——不仅要达到盈利的预期，还要达到收入的预期。会计盈余，即为收入减去费用。因此当一家公司宣告盈利时，如果存在未预期盈余，那么根据定义，一定存在未预期收入或者未预期费用（或者两者都存在）。更加微妙的是，一家公司能够达到盈利预期（即未预期盈余为零），它也仍然可以有未预期收入或未预期费用。确实，这已经成为目前经济放缓环境下谈论的主题。一些公司已达到盈利预期——即使没有达到收入预期——因为它们大量成比例地削减开支。那么，未预期收入和未预期费用有多重要？

最近的几项研究考查了未预期盈余和未预期收入、未预期费用之间的相互作用。Ertimur，Livnat 和 Martikainen（2003）发现，市场对未预期收入的反应要比对未预期费用的反应大得多，并且当未预期盈余和未预期收入同向时市场反应会更强烈（即正的未预期盈余和正的未预期收入同时出现，或者负的未预期盈余和负的未预期收入同时出现）。当这两者反向时（一个正的未预期盈余伴随负的未预期收入，或相反），一般来讲，市场的反应是消极的。尤其是当未预期盈余为负但未预期收入为正（即费用超过了预期）时，平均来讲，未预期盈余的影响左右了未预期收入的影响。另外，当未预期盈余为正但未预期收入为负时，市场的反应取决于公司是成长型还是价值型。具体来说，对于成长型公司，一个正的未预期盈余但是负的未预期收入通常会遭遇消极的市场反应。在市场关注收入增长的环境下——类似于目前的环境——未预期收入会潜在地控制未预期盈余。最后，对于价值型公司，这种正的未预期盈余但是负的未预期收入一般会遭遇积极的市场反应。在另一项研究中，Jegadeesh 和 Linat（2006）发现，盈利公告所带来的回报与过去的未预期收入和现在的未预期收入相关，这些发现提供了关于重要的未预期类型的丰富信息。市场关注未预期收入的方向，是否与未预期盈余同向，以及它来自于成长型公司还是价值型公司。

未预期收入和未预期费用的例子很多，事实上，我们已经讨论了一部分。例如，前一章 Netflix 公司（例 12.2）就恰好是超过了盈利预期却没能达到收入的例子。与刚刚讨论的发现一致，因为 Netflix 是一家成长型公司，这种类型的未预期会带来强烈的、消极的市场反应。

相似的例子有很多。例如，2010 年 7 月 16 日开市前，美国银行（纽交所：BAC）宣告了 2010 年第二季度的盈利。在盈利公告中，BAC 宣告实际每股收益为 0.27 美元，轻易超过了一致预测的 0.22 美元。这意味着一个 0.05 美元，即 23% 的正的未预期盈余。然而，美国银行公布的季度收入为 292 亿美元，比预期收入 296 亿美元少了 4 亿美元，即少了 1.4%。这些数据共同表明，费用的降低比预期得要多（因为银行的收入没有达到预期，但盈利超过了预期）。市场对于 BAC 的正未预期盈余但是负未预期收入的反应是怎样的呢？一开盘，BAC 股价的下跌幅度就超过了 6%。当天收盘时股价下跌的幅度超过了 10%。类似的（在同一天），花旗银行（纽交所：C）也发布了一个正的未预期盈余，但收入少于一致预测。当天，花旗银行股价下跌幅度超过了 6%。这里的期权交易策略失效了，我们也渐渐习惯于它们的失效。最后让我们用一个例子来结束本章。

13.1 例 13.1：正的未预期收入和未预期盈余（纽交所：UPS）

联合包裹运输服务（United Parcel Service，纽交所：UPS）是一家每个工作日为 180 万航运客户向 200 多个国家和地区的 610 万收件人邮递包裹的公司。2010 年 7 月 21 日，在 2010 年第二季度盈利公告发布的前一天，UPS 的收盘价为 60.01 美元（见图 13.1）。

7 月 22 日，UPS 的公告结果与此前的盈利预期和收入预期大相径庭。具体来说，UPS 的实际盈利高达每股 0.84 美元，几乎是去年同期每股 0.44 美元的 2 倍，并明显高出每股 0.77 美元的一致预测。在收入方面，UPS 公布的总收入为 122 亿美元，同比增长了 13%，高出了 119.6 亿美元的收入预期。这

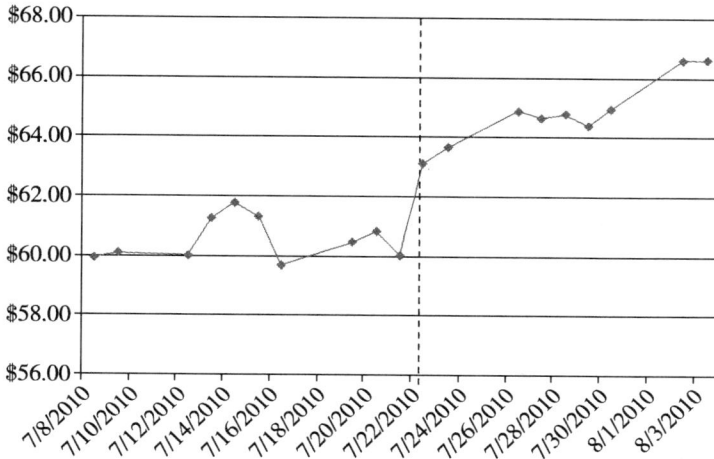

图 13.1　盈利公告前后 20 个交易日联合包裹运输服务

（纽交所：UPS）的股价

是一个正的未预期盈余和未预期收入。

　　7 月 22 日，UPS 的收盘价为 63.15 美元，股价增长了 5.2%。在一天前启动一个跨式期权头寸会获利。

　　要想得到一份多头跨式组合，需要购买一份 2.17 美元的 8 月到期的 60 美元行权价的看跌期权和一份 1.84 美元的 8 月到期的 60 美元行权价的看涨期权。两份合约都在盈利公告前一天买入（见图 13.2），净投资为 4.01 美元。在盈利公告日，看涨期权的价格上涨到 3.85 美元，而看跌期权的价格降至 0.84 美元。这意味着盈利公告发布后，跨式期权的价值为 4.69 美元，即有一个 0.68 美元的总收益，收益率为 16.9%。

　　正如我们在 11 章"空头跨式和勒式期权策略"中讨论的那样，提早启动交易显然成本更高。如果在盈利公告日的前两周购买跨式期权，成本将高达 4.84 美元。只有在 7 月 21 日，盈利公告发布的前一天，启动交易才会更便宜，这时购买跨式期权仅需花费 4. 01 美元（其中看涨期权为 1. 84 美元，看跌期权为 2. 17 美元）。选择这个最佳的启动日期显然是很困难的。另外，将原来的退出日期推迟会相当赚钱。具体来说，由于在盈利公告发布后的几天里标的股票的价格会持续走高，因此跨式期权的价格也会持续上涨。尽管 8 月到期的 60 美元行权价的看跌期权由于股价上涨和时间衰减会持续跌价，但是 8 月到期的 60 美元行权价的看涨期权能不受任何时间衰减的影响持续上涨。如果我们在 7 月 28 日，交易的 5 天后结束交易，跨式期权的价格将是 5. 41 美元（看涨期权为 5. 00 美元，看跌期权为 0. 41 美元）。如果我们在 8 月 3 日，交易的 10 天后结束交易，跨式期权的价格将为 6. 75 美元（看涨期权为 6. 60 美元，看跌期权为 0. 15 美元）。通常这种现象中止于尝试为市场定时和对近月合约有特殊影响的时间衰减。

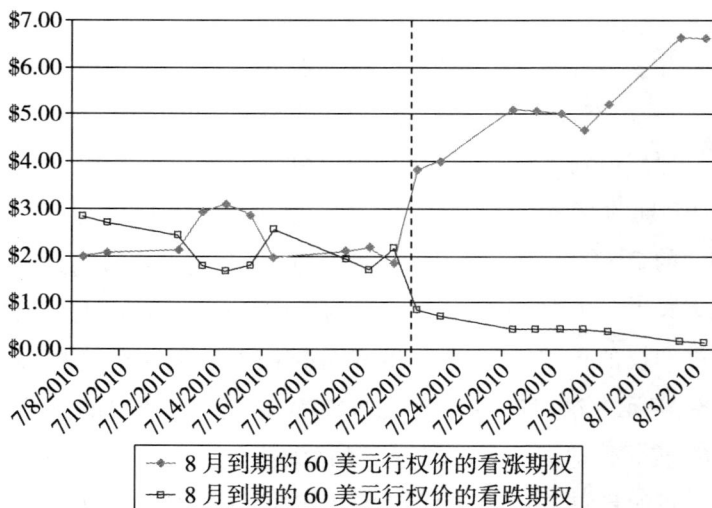

图 13. 2　盈利公告前后 20 个交易日 UPS 8 月到期的 60 美元行权价的看涨和看跌期权的价格

第 14 章

未预期盈余的持续性

正如第 4 章"未预期盈余：经验证据"中的苹果公司和福特汽车公司的例子所讨论的那样，有时分析师好像会低估（或高估）某些公司的盈余。这两个例子仅仅是巧合吗？抑或它们反映了一种更为广泛的经验模式？持续地宣告未预期盈余的公司有多常见？苹果公司能一个季度接着一个季度地打破预期吗？换句话说，我们能从过去的未预期盈余中了解多少未来的未预期盈余呢？

我们通过观测数据来回答这个问题。具体来说，我们计算出 1984 年 7 月至 2009 年 12 月之间所有罗素 1 000 指数公司的未预期盈余，之后将每个公司的未预期盈余逐季度地按时间顺序排列。

我们的第一个分析仅计算公司在上一季度宣告正未预期盈余的情况下，本季度宣告正未预期盈余的概率。类似的，我们计算公司在上一季度宣告负未预期盈余的情况下，本季度宣告负未预期盈余的可能性（我们称这些是同号未预期盈余，因为正未预期盈余带来正未预期盈余，负未预期盈余带来负未预期盈余）。图14.1显示，如果公司在上一季度宣告负未预期盈余，则本季度宣告负未预期盈余的可能性为48.3%。如果公司在上一季度宣告正未预期盈余，则本季度宣告正未预期盈余的可能性为76.1%。这个原始证据表明正未预期盈余相对地比负未预期盈余更具有持续性，换句话说，相对于负未预期盈余，我们更可能看到正未预期盈余重复发生。

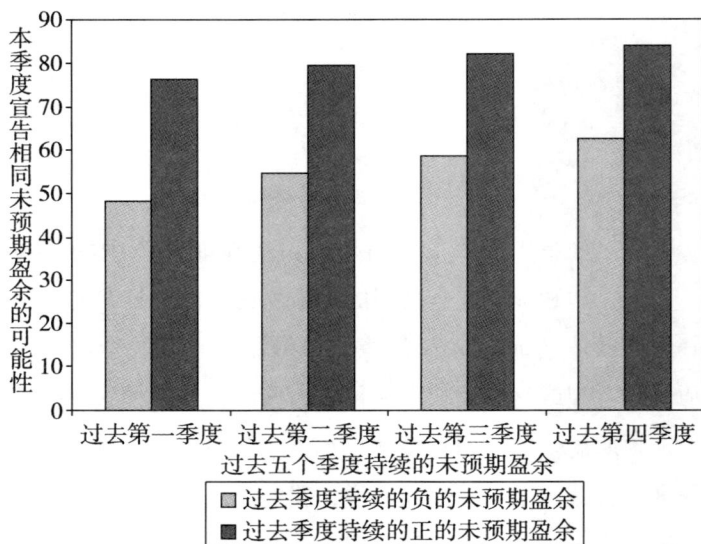

图14.1　五个连续季度持续的未预期盈余：给出以往季度未预期盈余方向的情况下本季度未预期盈余方向的可能性

分析的第二个层次，我们收集过去连续两个季度有正未预期盈余或负未预期盈余的公司，之后我们评估这两季度同号未预期盈余对于预测本季度未预期盈余是否有帮助，得出的结果在本质上与前一个仅需要一个季度数据的观察类似。在这种情况下，正未预期盈余也比负未预期盈余更具持续性。但是，现在当我们将一个季度的需求和两个季度的需求相比时，我们会得到额外的信息。具体来说，两个季度比一个季度出现同号未预期盈余的可能性大。公司以往有连续两个季度的正未预期盈余，本季度宣告正未预期盈余的可能性为79.6%。类似的，公司以往有连续两个季度的负未预期盈余，本季度宣告负未预期盈余的可能性为54.8%。

作为对前一个需求的补充，我们进行了另外两个层次的分析。最右边的条形显示了有连续四个季度的正未预期盈余的公司本季度宣告正未预期盈余的可能性。对于负未预期盈余，图形显示了相同的情况。我们发现，公司有连续四个季度的正未预期盈余，本季度宣告正未预期盈余的可能性为83.9%。类似的，本季度宣告负未预期盈余的可能性为62.6%。

从左向右浏览图14.1，我们发现，特定符号未预期盈余的可能性随着有同号未预期盈余季度数的增加而逐渐增加。例如，正未预期盈余的可能性从76.1%增加到80.0%，到82.0%，再到83.9%，这表明公司在过去的季度宣告正未预期盈余次数越多，本季度越有可能宣告正未预期盈余。类似的，负未预期盈余的可能性从48.3%增加到54.8%，到58.5%，再到62.6%。总之，证据表明未预期盈余是持续的。

从期权交易的实际情况来看，这意味着过去有超出市场预期的盈余的公司更可能在将来继续超出市场的预期。类似的，过去一直令我们失望的公司更可能在将来继续令我们失望。毋庸置疑，过去的业绩并不能保证将来的业绩，但是至少对于未预期盈余来说，确实增加了这种可能性。这些发现表明，对于想要在盈利公告前后做方向性交易的交易者来说（尽管第6章"对未预期盈余的市场反应（充满了不符）"中对此有所警告），投资于对以往未预期盈余有跟踪记录的公司，获利的几率会显著提高。我们来看一个例子。

14.1 例14.1：持续的正未预期盈余（纽交所：F）

福特汽车公司（纽交所：F）是世界最大的汽车和卡车制造商之一。金融危机过后，福特是三大汽车巨头的唯一幸存者，之后，福特致力于重塑生产线和组织架构。2009年和2010年的一系列业绩令公司的许多怀疑者感到惊讶，持续宣告的盈余均超出了分析师的一致预测，例如，过去三个季度均为利好消息。2009年9月，福特实际的EPS为0.38美元，超过-0.12美元的预测EPS。此后，2009年12月，它以0.43美元的实际EPS再次超过0.26美元的预测EPS。2010年3月，它以0.46美元的实际EPS再一次令人们感到吃惊，而之前预测的EPS仅为0.31美元。这是连续三个季度宣告的正未预期盈余，那么2010年6月这个季度宣告的盈利会是怎样的呢？如果我们认为未预期盈余是持续的，那么将会出现另一个正未预期盈余。

2010年7月22日，福特第二季度盈利公告日的前一天，其收盘价为12.09美元（见图14.2），对EPS的一致预测为每股0.41美元。

要注意，我们讨论过的未预期盈余的持续性表明，这里我们将期望公司再一次有一个正的未预期盈余。因此，

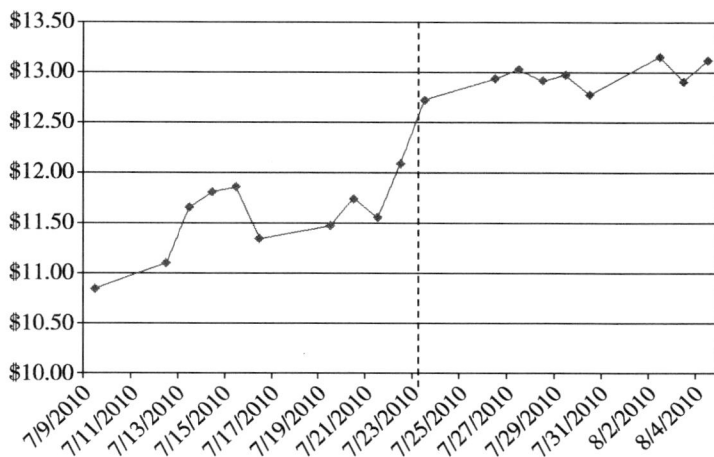

图 14.2　盈利公告前后 20 个交易日福特汽车公司（纽交所：F）的股价

这是一个适合启动"方向性期权头寸"而非"对股价变动方向不敏感的典型跨式期权"的环境。8 月到期的 12 美元行权价的看涨期权的收盘价为 0.65 美元，假设我们预期有一个正未预期盈余而买进 30 份看涨期权合约，则共需支出 1 950 美元。

20 10 年 7 月 23 日，因其对新的 Fusion 和 Taurus 模型的重新设计，福特宣告了每股 0.68 美元的盈利，而一致预测为每股 0.40 美元（见图 14.3），再一次超过了预期。对于福特来说，未预期盈余看起来总是正的。最新的盈利业绩是利润增加了 13%，为 6 年来的最好水平。此外，上一季度美国市场的汽车制造商份额从 16.9% 增长到 17.2%，并且管理层预计下一年年终时现金将会多于负债。福特股票增长了 5.2%，收于 12.72 美元。对于期权交易来说，8 月到期的看涨期权将增值到 0.98 美元，每份期权合约有 0.33 美元的增值，这代表着凭借持续未预期盈余交易，会有 990 美元的获利，即 50.8% 的回报。

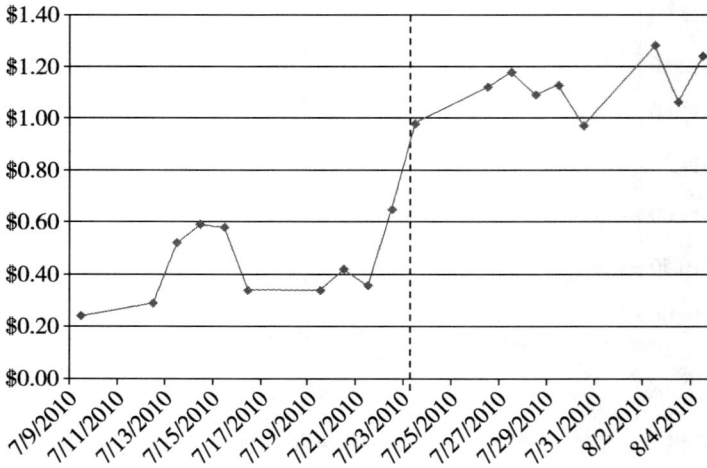

图 14.3　盈利公告前后 20 个交易日福特公司 8 月到期的 12 美元行权价的看涨期权价格

第 15 章

其他理论和证据

许多其他理论和结论都能为您的期权交易提供指导。其中一些理论可以直接为您提供具体的交易策略，其他的则会帮您更好地理解交易环境。所有这些研究发现的背后都有从数以百计乃至数以千计的数据中得出的经验证据做支持。本章就总结了其中一些发现。

15.1 信息集的丰富

市场对未预期盈余的反应取决于市场对公司盈利信息的期望程度。公司的信息环境越丰富、越完整，市场对公司未预期盈余的反应就越小。相反的，如果一家公司的信息越不完整、越模糊、越不透明，市场的反应就会越大。许多研究已经发现公司的规模——用公司的市值、总资产或总收入来测度——是衡量公司的经营信息集丰富性的一个很好的指标。相似的，关注公司的卖方分析师越多，机构持股比例越高，信息集就越完善。理由有两方面：第一，分析师和机构投资者的存在意味着，有更多关于公司的研究报告（和盈利预测）被公开。第二，这些分析师和机构的存在表明，它们更有能力要求公司提供信息和提高透明度，这样就会迫使公司提供更多的自愿性披露。

与这些公司相比，小盘股公司几乎没有分析师关注。这样的公司一般在信息匮乏的环境下经营，因此这类公司的盈利公告会引起更多关注，因为这是投资者能够掌握公司信息的仅有的几种机会之一。结果，市场对这些较小的、相对不透明的公司产生的未预期盈余的反应要强烈得多，因为没有多少其他信息可供市场反应。

因为相比于小盘股股票，分析师和机构投资者更关注大盘股股票，所以这三个方面是正相关的。例如，美国银行（纽交所：BAC）是国内最大的银行之一，在编撰本书时它已拥有1 500多亿美元的市值，被超过25位分析师关注，机构持股达64%。然而，这三个方面的相关性并不是很强。通用电气（纽交所：GE）拥有1 600多亿美元的市值，比美国银行多100亿美元，但它仅被14位分析师关注，比美国银行少很多。而且，它的机构持股仅为30%，仅占市值的10%，比许多股票都要低。这个例子表明当评估股票的透明度（visibility）时，投资者应该全面考查这三个方面。在我们看来，分析师的关注与机构持股也许比公司规模对未预期盈余的市场反应更有决定性作用，因为分析师和机构投资者在积极地制造信息并对新信息作出反应。

实际考虑一下，这段讨论意味着以波动为基础的期权交易

（如跨式期权）最适用于规模较小的公司，这些公司的股价反应更大使得采用跨式策略更容易获利。当然，这也不全是好消息。不幸的是，规模较小、较少被关注的公司鲜有上市期权（我们在第7章"期权公司的一般特征和盈利公告前后的期权行为"中讨论过）。即使这些公司确实有上市期权，期权合约的交易量也可能相当低，这意味着买卖价差会很大。这些大的价差明显降低了交易获利的可能性，因为期权价格的变动必须与启动或终止交易时的买卖价差相抗争。尽管如此，我们不必白纸黑字地讨论这个问题。事实就是确实有一些相对较小的公司拥有上市期权和相当不错的交易量。与相对较大的公司相比，这些公司更有可能利用盈利公告期间的跨式期权头寸获利。

15.2　分析师盈利预测的预测偏差

尽管分析师具有专业胜任能力并且拥有大量信息，但他们终归是人，也会犯错。许多研究将这些错误称为偏差，我们来讨论一下。

在分析师盈利预测中发现的第一种偏差是乐观转悲观偏差（optimism-turns-to-pessimism bias）。大量研究都证明了分析师倾向于发布乐观的预测（Fried 和 Givoly，1982；O'Brien，1988；Francis 和 Philbrick，1993）。近来，一项由 McKinsey 于 2010 年完成的研究再次确认了这一由来已久的发现。具体来说，年初时分析师倾向于发布过度乐观的预测。然而，接近年末时，分析师往往将预测的盈利降低。当宣告盈利时，分析师已将他们预测的盈利降低太多，以至于平均来讲，未预期盈余都是正的（Brown，2001）。这就是我们在第3章"未预期盈余：确认与计量"中讨论过的预期走低的现象。分析师在初始预测时目标很高，但经理们会谨慎、低调地将预测降低到年末更容易达到的水平。也许这种一贯的将盈利向下调整的模式能够部分解释，为什么市场对正未预期盈余的反应不总是积极的。

分析师盈利预测的第二种偏差是反应不足偏差。具体来讲，已经发现分析师们在预测时没有充分吸收特定种类的信息，也就是说他们并没有充分反应。例如，Mendenhall（1991）的一项研究发现，当分析师预测未来盈利时，他们倾向于对季度盈利公告中包含的信息反应不足，即他们仅部分处理了当前盈利公告中包含的好消息或坏消息。类似的，Abarbanell（1991）发现，分析师倾向于对过去股价变化中包含的信息反应不足。Gleason 和 Lee（2003）发现，分析师对过去的盈利预测重述反应不足。Jegadeesh 和 Livnat（2006）发现，分析师对未预期收入反应不足。Basu，Markov 和 Shivakumar（2010）发现，分析师对未来盈利的潜在通货膨胀反应不足。也许分析师会对信息反应不足或反应过度，这取决于信息的性质。与这种观点相同，Easterwood 和 Nutt（1999）发现，分析师对好消息反应过度，但会对坏消息反应不足。同时，DeBondt 和 Thaler（1990）发现分析师的预测太偏激，表明他们对盈利信息反应过度。

存在这样一种方法使采用其能够从分析师的预测偏差中获利吗？由 Hughes，Liu 和 Su（2008）进行的研究发现，分析师预测的错误与偏差实际上可以通过统计预测方法来预测。然而，当执行模拟交易策略来利用分析师预测中的错误和偏差时，研究人员发现交易策略是不赚钱的。他们得出结论，未预期盈余中可以被预测的部分已经反应在股价中了。就关于股票交易策略的发现被应用于相似的期权交易策略来说，这些发现强化了我们的观点，即对未预期盈余下方向性的赌注是相当冒险的。投资者应该更多地关注不需要预测方向的跨式或勒式期权策略。

15.3 意见分歧

正如在第 3 章讨论的，我们用分析师的一致预测来衡量盈利预期，就是在所有分析师发布的预测中取盈利预测的平均值或中位数。然而，这种平均值或中位数预测明显掩盖了每位分析师预测的较大的差别，导致预测会大幅变动。有时预测的范围，即意见的分歧——可以很大。例如，截至 2010 年 7 月 30 日，有 40 位分析师对苹果公司 2010 年第三季度的盈利发布了预测。平均预测值为每股 3.07 美元，但最低预测值只有 2.65 美元，最高预测值达 3.47 美元。最高和最低预测值整整差了 0.82 美元，占平均预测的 27%。不是所有的公司都有如此大的预测离差。例如，截至 2010 年 7 月 30 日，11 位分析师对可口可乐公司（纽交所：KO）第三季度的盈利进行了预测。平均预测值为 1.03 美元，最低预测值为 1.00 美元，最高预测值为 1.05 美元。最高和最低预测值仅仅相差 0.05 美元，占平均预测值的 5%。这个区间明显更小。

为什么分析师对苹果公司的盈利比对可口可乐公司的盈利有着更大的意见分歧呢？作为一家高科技的电脑公司，苹果的业务非常灵活，并受许多因素的影响，包括来自于其他智能手机和笔记本电脑制造商的激烈竞争、新产品的引进、对不断改变的顾客品味和偏好的测试。这些因素使得预测苹果的业绩变得更困难，这一事实反映在较大的盈利预测区间上。另外，可口可乐公司是一家拥有 100 多年历史的软饮料公司。顾客对软饮料的口味的偏好相对稳定，具有一定的顾客忠诚度。软饮料的消费量水平很少波动，且更加容易预测，并没有短期内的激增现象。这些因素决定了可口可乐公司的业务更加容易预测。

意见的分歧影响了投资的不确定性。这种不确定性怎样影响股票价值呢？Miller（1977）形成了一种理论：由于卖空的约束，具有更大不确定性的股票价值更易被高估。这一观点就是如果一只股票的不确定性很高，对公司抱有乐观态度的投资者会成为股票的边际购买者，并因此设定股票价格。对公司行情看跌的投资者的力量不及对行情看涨的投资者，因为他们不能有效地卖空股票。结果，具有高度不确定性的股票其价值可能被高估。Diether，Malloy 和 Scherbina（2002）用分析师预测的离差来衡量意见分歧。他们发现，与 Miller 的预测一致，有高度意见分歧的股票（预测的离差水平很高）倾向于获取更低的回报。

意见分歧对盈利公告回报有什么影响呢？盈利公告，特别是未预期盈余帮助解决了公司及其业绩的不确定性。如果意见分歧很高的股票的价值普遍被高估，盈利公告可能把高估价值拉回一点，这正是 Berkman，Dimitrov，Jain，Koch 和 Tice（2009）最近一项研究的发现。这些研究人员发现，意见分歧很高的股票的盈利公告回报通常更低。而且，与 Miller 的预测一致，意见分歧高、卖空限制更多的股票的盈利公告回报明显更低。实际来讲，这意味着要运用期权执行方向性的熊市策略。您当然应该像交易的其他方面一样尽职尽责。但这里的证据表明，预测分歧高的（卖空股票的困难程度超过平均水平）

公司在盈利公告期间应用多头看跌期权也许是有利可图的。

15.4　发布盈利公告后的漂移现象（PEAD）

本章的最后一个话题是发布盈余公告后的漂移现象（PEAD）。最早证明这种漂移的研究是至今仍很有名的 Ball 和 Brown（1968）的研究。随后众多的研究运用不同的统计方法和样本确认了漂移现象的存在。其他几个国家也发现了这种漂移现象。[①] 像我们随后要详细探讨的那样，这种 PEAD 现象用股票回报来衡量可以是相当明显的。我们直到现在才谈及这一话题是因为它是一个长期策略，而全书的基础是短期策略。尽管如此，我们认为它值得讨论。

因此目前，我们已经关注了市场对未预期盈余在盈利公告前和盈利公告期间的反应。然而，市场对未预期盈余的反应并没有随着盈利公告的发布而结束。事实上，有关 PEAD 现象的研究表明，市场倾向于将对未预期盈余的反应持续到当前公告发布后的很长一段时间。具体来说，有很大的正未预期盈余的股票，能在当前季报公布的几个季度以后获得明显更高的回报。类似的，有很大的负未预期盈余的股票在未来几个季度的回报明显偏低。实质上，PEAD 现象表明，一家公司有很明显的正未预期盈余不仅能刺激公告发布日的股价，还能使公告发布后的几天、几周、几个月的股价继续漂移上涨。这就像市场未能完全领会好消息的影响，因而需要一点时间或很多时间来

---

① 在其他国家也发现了 PEAD，例如芬兰、英国和西班牙（Booth，Kallunki 和 Martikainen，1996；Liu，Strong 和 Xu，2003；Forner，Sanabria 和 Marbuenda，2009）。

认识这些信息一样。这对坏消息而言也同样适用：一家公司有非常糟糕的未预期盈余，其股价往往会在盈利公告日后的几个月继续漂移下跌。这种模式就叫 PEAD。漂移可以非常明显，这取决于样本和方法，一个买入最大的正未预期盈余的股票并卖出最大的负未预期盈余的股票的零成本套利组合可以达到超过 10% 的年回报。

研究人员就 PEAD 给出了多种解释。一些研究人员相信漂移反映了某种没有考虑的风险。例如，一项由 Mendenhall（2004）进行的研究发现，漂移与套利风险（即市场中利用漂移进行交易的套利者面临的风险）有关。一项由 Chordia，Goyal，Sadka，Sadka 和 Shivakumar（2009）进行的研究发现，漂移主要发生在流动性很差的股票上，这表明流动性风险就是存在漂移现象的原因。与流动性风险的观点类似，Ng，Rusticus 和 Verdi（2008）发现，PEAD 集中于交易成本很高的股票，因而显著降低了从漂移策略中取得的回报。这些属性都与小盘股股票有关。其他研究人员认为，盈利公告后的漂移是由市场参与者处理信息失效引起的。例如，Bernard 和 Thomas（1989），以及 Abarbanell 和 Bernard（1992）认为，投资人和分析师往往对为预测将来未预期盈余的当前未预期盈余信息反应不足。现在有正未预期盈余的公司将来往往有正未预期盈余，而现在有负未预期盈余的公司也有同样的倾向。这正是我们在前面章节"未预期盈余的持续性"中提到的观点。然而，如果投资者和分析师没有发现或意识到这种持续性，则在将来的几个季度里也许会重复同样的未预期盈余。

一个关键的事实是多数漂移都集中在将来盈利公告发布的前后。这一发现也证实了公司在发布季度盈利公告的若干季度后，市场也许会有同样的未预期盈余。投资者在处理信息时投入的有限的注意力也会促成 PEAD 现象。与此相似，Hirshleifer，Lim 和 Teoh（2009）发现，当许多其他股票同时宣告盈利时，宣告盈利的股票的 PEAD 现象会更明显。这表明由于投资者被超载的信息淹没，因而未能充分获取适当的信息并将与盈利有关的信息反映在股价上。类似的，Dellavigna 和 Pollet（2009）发现，周五发布盈利公告发生漂移的可能性更大，因为投资者（将注意力放在周末上）较少关注周五的盈利公告。最后，Corrado 和 Truong（2009）的一项研究发现，那些在盈利公告预报或盈利公告发布期间期权大量交易的反常的公司，PEAD 倾向于更小。这意味着前期对盈利公告关注得越多，后期延迟反应就会越少。

我们怎样在期权交易策略中利用 PEAD 现象呢？正如我们提到的，虽然 PEAD 是一种长期现象，但它集中体现在盈利公告发布后的短时间内。即使不考虑时间差别，你也会注意到这与我们迄今为止谈到的期权交易策略如此不同。我们的交易是在盈利公告前启动的，然而 PEAD 是一种盈利公告后期发生的现象。另一个很大的区别是，对于以期权为基础的 PEAD 策略，我们已经知道了未预期盈余和市场反应的方向。

因此，这种交易策略是在盈利公告发布以后才发生的。根据刚刚讨论过的证据，为使交易获利的可能最大化，您应该选择那种在许多公司发布盈利公告的同一天发布盈利公告、规模相对较小的公司或在被忽略的星期五发布盈利公告的公司，并且该公司的股票还会在盈利预告期间有较大的交易量。盈利公告发布后，如果未预期盈余很大（记住小的未预期盈余不能体现 PEAD），则我们应该按照市场反应方向启动一个多头的、方向性的看跌或看涨期权。很明显的，比起盈利公告前，我们要为盈利公告后的期权花费更多。这是因为我们正在应对股价的剧烈波动，这会使期权比盈利信息发布前更贵。然后我们将持有期权头寸一段时间，主要为获得 PEAD 漂移——这一现象已被证实主要集中发生在盈利公告日前后。这种 PEAD 策略的另一个优点是，它能捕捉到盈利公告后期的所有波动瓦解。[①]

这种交易策略实际上依靠最近的盈利公告的动量或趋势，这与 Pan 和 Poteshman（2006）最近的研究发现一致。通过观察个人交易数据，他们发现为投资机构工作的操盘手会启动利用动量或漂移获取回报的期权头寸。个人投资者的做法往往相反，会逆动量进行期权交易。例如，他们发现个人投资者会在股价大幅增长后购买看跌期权，期望价格能够反转。另外，由于您已经掌握了 PEAD 的知识，希望您会利用优势顺应动量，而不是与动量抗争。

---

① 然而，要小心买卖价差，因为启动费用和交易量在这段时间也会减少（Donder et al.，2000）。

参考文献

Abarbanell, J. 1991. "Doanalysts' earnings forecasts incorporate information in prior stock price changes?" *Journal Accounting Research* (14):147–166.

——and V. Bernard. 1992. "Tests of analysts' overreaction/underreaction to earnings information as an explanation for anomalous stock price behavior." *Journal of Finance* (47): 1181 –1207.

Admati, A. and P. Pfleiderer. 1988. "A theory of intraday patterns: Volume and price variability." *Review of Financial Studies* 1(1): 3–40.

Amin, K. and C. Lee. 1997. "Option trading, price discovery, and earnings news dissemination." *Contemporary Accounting Research* (14):153–192.

Ball, R. and P. Brown. 1968. "An empirical evaluation of accounting income numbers." *Journal of Accounting Research* (2): 159–178.

Basu, S., S. Markov, and L. Shivakumar. 2010. "Inflation, earnings forecasts, and post-earnings announcement drift." *Review of Accounting Studies* (15):403–440.

Bearver, W. 1968. "The information content of annual earnings announcements." *Journal of Accounting Research* (6):67 –92.

Berkman, H. , V. Dimitrov, P. Jain, P. Koch, and S. Tice. 2009. "Sell on the news: Differences of opinion, short-sales constraints, and returns around earnings announcements. " *Journal of Financial Economics*(92):376-399.

Bernard, V. and J. Thomas. 1989. "Post-earnings-announcement drift: Delayed price response or risk premium?"*Journal of Accounting Research*(27):1-36.

Blach, F. and M. Scholes. 1973. "The pricing of options and corporate liabilities. "*Journal of Political Economy*(81):637-654.

Bonner, Sarah E. , Artur Hugon, and Beverly R. Walther. 2007. "Investor Reaction to Celebrity Analysts: The Case of Earnings Forecast Revisions. "*Journal of Accounting Research* 45(3):481-513.

Booth, G. , J. Kallunki, and T. Martikainen. 1996. "Post-earnings-announcement drift and income smoothing: Finnish evidence. "*Journal of Business, Finance &Accounting* (23):1197-1211.

Bradshaw, M. and R. Sloan. 2002. "GAAP versus the street: An empirical assessment of two alternative definitions of earnings. "*Journal of Accounting Research*(40):41-66.

Brown, L. 2001. "A temporal analysis of earnings surprises: Profits versus losses. "*Journal of Accounting Research* (39):221-241.

——and K. Sivakumar. 2003. "Comparing the value relevance of two operating income measures. "*Review of Accounting Studies*(8):561-572.

Cao, C. , Z. Chen, and J. Griffin. 2005. "Information content of option volume prior to takeovers. "*Journal of Business* (78):

1073-1109.

Chakravarty, S. , H. Gulen, and S. Mayhew. 2004. "Informed trading in stock and option markets. " *Journal of Finance* 59(3): 1235-1257.

Chan, K. , Y. Chung, and W. Fong. 2002. "The information role of stock and option volume. " *The Review of Financial Studies* (15):1049-1075.

Chen, T. and Z. Gu. 2004. "Analysts' treatment of nonrecurring items in street earnings. " *Journal of Accounting & Economics* (38):129 -170.

Chordia, T. , A. Goyal, G. Sadka, R. Sadka, and L. Shivakumar. 2009. "Liquidity and the post-earnings-annoucement drift. " *Financial Analysts Jounal* (65):18-32.

Corrado, C. and C. Truong. 2009. "Options trading volume and stock price response to earnings announcements. " Working paper.

DeBondt, W. and R. Thaler. 1990. " Do security analysts overreact?" *American Economic Review* (80): 52-57.

Dellavigna, S. and J. Pollet. 2009. " Investor inattention and Friday earnings announcements. " *Journal of Finance* (64): 709 -749.

Diether, K. , C. Malloy, and A. Scherbina. 2002. "Differences of opinion and the cross section of stock returns. " *Journal of Finance* (57):2113-2141.

Donders, M. , R. Kouwenberg, and T. Vorst. 2000. "Options and earnings announcements: An empirical study of volatility, trading volume, open interest and liquidity. " *European Financial Management* 6(2):149-171.

Doyle, J. , R. Lundholm, and M. Soliman. 2003. "The predictive value of expenses excluded from Pro Forma earnings. " *Review of Accounting Studies*(8):145–174.

Easley, D. , M. O'Hara, and P. Srinivas. 1998. "Option volume and stock prices: Evidence on where informed traders trade. "*Journal of Finance*(53):431–465.

Easterwood, J. and S. Nutt. 1999. "Inefficiency in analysts' earnings forecasts: Systematic misreaction of systematic optimism?" *Journal of Finance*(54):1777–1797.

Ertimur, Y. , J. Livnat, and M. Martikainen. 2003. "Differential market reactions to revenue and expense surprises. " *Review of Accounting Studies*(8):185–211.

Forner, C. , S. Sanabria, and J. Marhuenda. 2009. "Post-earnings announcement drift: Spanish evidence. "*Spanish Economic Review*(11):207–241.

Francis, J. and D. Philbrick. 1993. "Analysts' decisions as products of a multi-task environment. " *Journal of Accounting Research*(31):216–230.

Fried, D. and D. Givoly. 1982. "Financial analysts' forecasts of earnings: A better surrogate for market expectations. "*Journal of Accounting & Economics*(4):85–107.

Gleason, C. and C. Lee. 2003. "Analyst forecast revisions and market price discovery. "*The Accounting Review*(78):193–225.

Hirshleifer, D. , S. Lim, and S. Teoh. 2009. "Driven to distracion: Extraneous events and underreaction to earnings news. " *Journal of Finance*(64): 2289–2325.

Ho, J. 1993. "Option trading and the relation between price

and earnings: A cross-sectional analysis. " *The Accounting Review* (68):368-384.

Hughes, J. , J. Liu, and W. Su. 2009. " On the relation between predictable market returns and predictable analyst forecast errors. " *Review of Accounting Studies*(13):266-291.

Jegadeesh, N. and J. Livnat. 2006. " Revenue surprises and stock returns. " *Journal of Accounting & Economics*(41):147-171.

Jennings, R. and L. Starks. 1986. " Earnins announcements, stock price adjustment, and the existence of option markets. " *Journal of Finance* 41(1):107-126.

Kim, S and J. Lee. 2006. " Effect of option listing on price reactions to earnings announcements. " Working paper, University of Alberta.

Kinney, W. , D. Burgstahler, and R. Martin. 2002. "Earnings surprise 'materiality' as measured by stock returns. " *Journal of Accounting Reserach*(40): 1297-1329.

Landsman, W. and E. Maydew. 2002. " Has the information content of quarterly earnings announcements declined in the past three decades?" *Journal of Accounting Research*(40):797-808.

Liu, W. , N. Strong, and X. Xu. 2003. " Post-earnings-announcement drift in the UK. " *European Financial Management*(9): 89-116.

Mendenhall, R. 2004. " Arbitrage risk and post-earnings-announcement drift. " *Jounal of Business*(77): 875-894.

——1991. " Evidence on the possible underweighting of earnings-related information. " *Journal of Accounting Research*(29): 170-179.

——and D. Fehrs. 1999. "Option listing and the stock-price response to earnings announcements. " *Jounal of Accounting & Economics*(27): 57−87.

Miller, E. 1977. "Risk, uncertainty, and divergence of opinion. "*Journal of Finance*(32): 1151−1168.

Mixon, P. 2009. "Option markets and implied volatility: Past versus present. "*Journal of Financial Economics*(94): 171−191.

Ng, J., T. Rusticus, and R. Verdi. 2008. "Implications of transaction costs for the post-earnings announcement drift. "*Journal of Accounting Research*(466): 669−696.

O'Brien,P. 1988. "Analysts' forecasts as earnings expectations. " *Journal of Accounting & Economics*(10):53−83.

Pan, J. and A. Poteshman. 2006. "The information in option volume for future stock prices. "*Review of Financial Studies*(19): 871−908.

Park, Chul W. , and Earl K. Stice. 2000. "Analyst forecasting ability and the stock price reaction to forecast revisions. "*Review of Accounting Studies*(5): 259−272.

Patell, J. and M. Wolfson. 1979. "Anticipated information releases reflected in call option prices. "*Journal of Accounting & Economics*(1):117−140.

Roll, R. , E. Schwartz, and A. Subrahmanyam. 2009. "Options trading activity and firm valuation. "*Journal of Financial Economics*(94): 345−360.

Shon, J. 2009. "Do earings surprises affect voluntary disclosure behavior? A study of high-tech firms in periods of declining stock price. "*Accounting and Taxation* 1(1): 1−13.

——and R. Weiss. 2009. "Voluntary disclosure behavior during exogenous crisis events." *Journal of Applied Business and Economics* 9(4): 9–16.

——and P. Zhou. 2009. "Are earnings surprises interpreted more optimistically on sunny days? Accounting information and the sunshine effect." *Journal of Accounting, Auditing, and Finance* 24: 2: 211–232.

——and P. Zhou. 2010. "Can mispricing of asset growth explain the accruals anomaly?" *International Journal of Business and Finance Research* 4(1):73–83.

——and P. Zhou. 2010. "Do divergent opinions explain the value premium?" *Journal of Investing* 19(2), 53–62.

Skinner, D. and R. Sloan. 2002. "Earnins surprises, growth expectations, and stock reeturns, or don't let an earnings torpedo sink your portfolio." *Review of Accounting Studies*(7): 289–312.